XAVIER ROUX

BIBLIOTHÈQUE HISTORIQUE ET LITTÉRAIRE

LES ALPES

HISTOIRE ET SOUVENIRS

PARIS
ÉDOUARD BALTENWECK, ÉDITEUR
7, RUE HONORÉ-CHEVALIER, 7

LES ALPES

XAVIER ROUX

LES ALPES

HISTOIRE ET SOUVENIRS

PARIS
ÉDOUARD BALTENWECK, ÉDITEUR
7, RUE HONORÉ-CHEVALIER, 7

A MA MÈRE

Manum suam misit ad fortia et digiti ejus apprehenderunt fusum et laudent eam in portis opera ejus. (Livre des Proverbes, ch. XXXI, versets 19 et 31.)

A MA FEMME

Qui invenit mulierem bonam invenit bonum et hauriet jucunditatem a Domino. (Livre des Proverbes, chap. XVIII, verset 22.)

Souvenir des Alpes.

XAVIER ROUX.

LES ALPES

HISTOIRE ET SOUVENIRS

CHAPITRE PREMIER

Bourgoin. — La Tour-du-Pin. — Virieu. — Grenoble. — Les cuves de Sassenage. — Le Pont de Claix. — La Chartreuse de Prémol. — Uriage.

Nul pays n'est gracieux et pittoresque autant que la contrée traversée par le chemin de fer de Lyon à Grenoble. La montagne n'est encore que colline boisée ou cultivée, la vallée qu'un large vallon divisé par des champs de blés et de vastes prairies. L'œil n'y erre jamais tristement sur des landes ou des tourbières; jamais il n'y perd la vue d'une habitation humaine.

C'est d'abord Bourgoin, qui se répand au pied d'une élévation cultivée; ses maisons aux toits rouges ont un aspect propre et bien ordonné. C'est ensuite la Tour-du-Pin, protégée par son église qui domine la ville et une statue de la Vierge que le paysan salue de loin dans ses champs.

Après la Tour-du-Pin, la nature s'embellit. Nous sommes à Virieu. C'est là, au milieu d'un grand bois, qui étend son ombre de l'autre côté de la vallée, que Lamartine passa les premières années de son adolescence. Le paysage semble fait à souhait pour les yeux! La poésie y a tous ses attraits : l'immensité fertile, la solitude, la chaumière, le clair ruisseau, les grandes ombres, un ciel pur!

Nous arrivons à Voiron. Une croix de bois protége à leur détour toutes les routes que nous avons aperçues jusqu'ici. Voici à notre gauche Voreppe et les premières montagnes du massif de la Grande-Chartreuse. A notre droite, se découvre la partie la plus pittoresque de l'incomparable vallée du Graisivaudan. Il est huit heures du matin. Les montagnes qui la bornent au sud ne sont pas encore sorties de l'obscurité religieuse, dont la nuit enveloppe leurs lourdes masses. La campagne est brillante de rosée, de hautes herbes, de fleurs et de papillons! Quel spectacle pour nous qui la veille parcourions les boulevards de Paris!

Peu à peu la vallée se resserre, et lentement elle s'élargit. Saint-Robert, où se trouve une maison de fous, nous ramène aux plus sombres réalités de la vie. Maintenant nous courons au-devant d'une immense plaine. Tout à coup, les montagnes s'arrêtent à notre gauche. La chaîne des Alpes, qui garde éternellement sur ses fiers sommets sa couronne de neige, se dresse au loin devant nous. Nous sommes à Grenoble !

Le premier charme de Grenoble est l'esprit et la grâce hospitalière de ses habitants. On en subit la douce influence avant d'être revenu des surprises qu'une nature tour à tour austère, simple, élégante, riche et fleurie a ménagées au voyageur.

Des amis nous attendaient. Le touriste ferait un délicieux voyage si, à chacune de ses stations, devant chacun des panoramas qu'il contemple, en présence de chaque curiosité qui arrête son regard, il pouvait serrer la main d'un ami et communiquer à son âme les émotions que donne à la sienne le spectacle du beau ! Hélas ! souvent, au milieu de la variété de ses joies, je ne sais quel regret de la monotonie de son existence monte à son cœur, et lui fait sentir qu'il n'est pas à son foyer.

Nos aimables hôtes avaient dressé un plan d'excursion. Les environs de Grenoble sont d'une richesse si féconde et si variée qu'en vérité un plan est nécessaire.

Le lendemain, au lever du soleil, nous commencions sans tarder nos promenades; nous rendions hommage, suivant toute justice, à l'une des sept merveilles du Dauphiné : les cuves de Sassenage. Vraiment, en aucun endroit de la Suisse, le torrent n'est aussi majestueux; en aucun endroit, même aux cascades du Giesbach, il ne fait gronder ses eaux écumantes entre des bords d'une si vigoureuse et si belle végétation. Les eaux sortent des flancs du rocher à pic qui forme la montagne, comme si leur réservoir en occupait la partie supérieure. Elles tombent avec fracas sur d'immenses blocs de pierre couverts de mousses. Bientôt, d'un rocher, dont les arbres cachent l'abîme, elles se précipitent avec des bruits de tempête. Plus loin, le torrent, devenu ruisseau, chante un air d'une mélodie murmurante, et offre à l'admiration des yeux, dans la merveilleuse limpidité de ses eaux, le reflet de la riche végétation qui lui prête sa parure. Six cascades d'une égale beauté font de Sassenage un spectacle d'un charme incomparable.

Après le déjeûner, nous allions au pont de Claix. La grande route qui y conduit de Grenoble, a huit kilomètres de longueur, elle est droite comme une ligne géométrique et cachée dans tout son parcours sous l'ombrage d'une quadruple rangée de hauts platanes. De riches prairies bordent cette route enchantée. A droite, nous apercevons le désert où J.-J. Rousseau rêva les folies et les chimères du *Contrat social*, la Tour-sans-Venin et le petit séminaire. A gauche, la gracieuse campagne du village d'Eybens dissimulé derrière ses vergers, frappe nos regards.

Le pont de Claix jeté sur le Drac, qui coule toute l'année des eaux bourbeuses, est formé d'une seule arche, singulièrement audacieuse. Mais l'admiration s'épuise vite devant un monument auquel l'étonnement des architectes a fait une légende.

Le lendemain, nous partions en caravane pour visiter les ruines de l'Abbaye des Chartreusines de Prémol. Quelle joyeuse bande formaient Marie, Marguerite, Sophie, Charles! La gaieté, l'entrain, la grâce et l'esprit de la jeunesse allaient animer les rudes chemins et les bois épais qu'il nous fallait gravir avant d'arriver au but de notre excursion. Nul appui ne supplée dans une pénible course à la joie de la faire avec de spirituels compagnons.

L'ancienne abbaye de Prémol est à quatre heures environ au-dessus d'Uriage, au milieu du bois noir de Champrousse. Les Chartreusines avaient placé le lieu de leurs prières et de leurs méditations dans la région des nuages : le plus près du ciel qu'il leur avait été possible de le faire. Mais ce qui les rapprochait plus encore de la Divinité, c'était la solitude grandiose dont les beautés murmuraient le jour et la nuit à leurs oreilles, les merveilles de la création !

Les ruines occupent aujourd'hui un vaste espace de terrain. La superbe porte ogivale de l'entrée de l'église est encore debout. A la place où fut le sanctuaire, des sapins élèvent leurs hautes tiges. Nous cueillîmes des fraises et des fleurs d'une odeur suave, sur les traces des anciennes stalles des religieuses, le long des cloîtres et dans les cours, d'où monta si souvent vers Dieu le parfum du sacrifice de la beauté et de la grandeur humaine !

Nous étions de retour à Uriage vers quatre heures. Il ne manquerait rien, en vérité, à l'agrément de cette station thermale, si elle avait un horizon. Mais toute sa perspective est dans le ciel d'en haut, et sur les pentes très-raides des montagnes au pied desquelles elle a construit ses charmants hôtels ! L'ancien château d'Uriage domine la place occupée par les bains. Avec ses anciennes tourelles, et son grand air du moyen âge, on dirait le témoin d'une autre époque, oublié par la Révolution, assistant aux merveilles qu'enfante le génie moderne. Il a vu longtemps à ses pieds des marais où s'étend aujourd'hui une vaste prairie, semée de bosquets, sillonnée de gracieux chemins. Il semble regretter dans sa fière attitude le temps où, au lieu de malades, il voyait de robustes soldats se préparer à son ombre aux guerres de religion ! il paraît sentir qu'il a déchu et n'est plus qu'un charmant objet de curiosité.

La route d'Uriage à Grenoble est ravissante. Pendant 4 kilomètres, la voiture roule au fond de vallées étroites, à côté d'un ruisseau dont le bruit, mêlé au bruit du vent à travers les arbres, n'est pas sans harmonie. Le sapin, le mélèze, le fayard couvrent jusqu'à leurs sommets les collines de la gauche ; sur la droite, exposés aux rayons du soleil couchant, s'étendent des champs de seigle, de blé et des vignes.

Le spectacle est vraiment beau au coucher du soleil lorsqu'on sort tout à coup des gorges d'Uriage.

Devant nous, jusqu'aux fortifications de Grenoble, les terres, ornées d'une culture riche et variée, recevaient comme dans un silence recueilli les derniers rayons du jour.

A droite, au loin, la rivière de l'Isère, venant de la Savoie à travers la vallée du Graisivaudan, luttait avec ses lumineux reflets contre les ombres qui descendaient de la montagne. Quel calme religieux amène dans l'âme le combat que la nuit livre au jour dans la sérénité d'un beau soir !

A notre gauche, la plaine, bornée par la montagne de Sassenage, se laissait envahir peu à peu par les premières obscurités. Les formes des arbres et des maisons s'effaçaient ; « il n'était plus jour et n'était pas encore nuit. » Lorsque nous partîmes, le ciel gardait au loin les teintes dorées du soleil couchant, tandis qu'au-dessus de nos têtes, dans un bleu sombre, l'étoile du berger brillait dans tout son éclat.

CHAPITRE II

Saint-Laurent-du-Pont, — La Chartreuse. — Montfleury.

Le lendemain nous nous réveillâmes à l'aube, et nous sortions de Grenoble pour aller à la Grande-Chartreuse au moment du jour où l'éclat du soleil n'a pas encore obscurci la beauté des champs et des montagnes. L'air était frais, le ciel pur, les prés couverts de rosée !

Sortis par la porte de France, nous voyions distinctement, à notre gauche, de la route qui va au couvent des Chartreux par Voreppe et Saint-Laurent-du-Pont, les lourdes masses des côtes de Sassenage. A leurs pieds, le Drac, qui dans son parcours a reflété tant de merveilles, venait porter à l'Isère l'hommage de ses eaux. Tantôt nous marchions sur le flanc même de la montagne, tantôt d'immenses rochers égayés çà et là de bouquets de chênes surplombaient le chemin. Au-dessus de nos têtes, quelquefois les fayards inclinaient leurs cimes amoureusement balancées par la brise du matin.

Bientôt nous revîmes devant nous, se perdant dans un lointain lumineux, la partie du Graisivaudan qui commence au pied de Voreppe pour finir à Valence, après avoir embelli Tullins, Saint-Marcellin, Romans.

Nous gravîmes à pied la montée de Voreppe. Le chemin disparaissait sous l'ombre de noyers gigantesques. Les bords de la route étaient couverts de clôtures d'aubépine animées par le chant de mille oiseaux.

Nous étions sur le plateau de Saint-Laurent-du-Pont. Quelle immense et splendide plaine ! Couverte de prés, de champs de blé et de chanvre, elle est bornée ici par une montagne d'un aspect austère, là par une colline boisée, au loin par l'horizon même.

Saint-Laurent-du-Pont était un pauvre village, au commencement de ce siècle. Les Chartreux en ont fait un séjour commode et l'ont enrichi. L'église de Saint-Laurent est l'une des plus belles du diocèse de Grenoble. La nef principale, éclairée par de riches vitraux, est vaste et hardie. Au dehors, la statue de saint Bruno étend ses bras du faîte de l'église, comme pour souhaiter la bienvenue aux voyageurs. A côté de la magnifique église, les Chartreux ont bâti deux maisons d'école, reproduisant ici le spectacle que l'Église a donné au monde depuis le début de son règne. Après la maison où Dieu est enseigné, les peuples chrétiens ont toujours élevé l'école, où l'enfant s'instruit des moyens de connaître les doctrines divines !

Saint-Laurent-du-Pont est acculé à l'extrémité d'un plateau qui porte son nom, peu avant le désert de la Grande-Chartreuse. Des dernières maisons du village, on entend le grondement du torrent qui descend de la majestueuse vallée. Bientôt on rencontre, devant une scierie pittoresque, la fabrique de la délicieuse liqueur. Un instant la route, resserrée entre les eaux écumantes du torrent et d'énormes rochers, semble arrêtée par la montagne. Les bruits de la terre finiraient-ils là ?

On est au désert. Je ne sais quelle puissance impose en ce moment à l'âme, un silence religieux et recueilli. Est-ce la pensée que tant de saints ont respiré l'air qu'on respire, contemplé les cimes dont la grandeur accable les regards ? Est-ce cette végétation de la forêt, si riche, si belle, qu'on est prêt d'en attribuer les merveilles à un miracle perpétuel ? La voix du torrent et les soupirs de la brise à travers les sapins murmurent à l'oreille une harmonie d'un charme indéfinissable !

J'étais loin de voyager en pèlerin; pourtant, en pénétrant dans ce désert, il me sembla que j'entrais dans un sanctuaire. Une sorte de recueillement m'avait saisi tout entier. Que je contemplasse les immenses bois noirs de sapins, ou qu'à côté de la route je cueillisse une fleur de la montagne, que je voulusse jouir de l'effroi que donne la profondeur des précipices, ou que j'élevasse mon regard jusqu'aux hauteurs inaccessibles des sommets qui dominent la vallée, il me semblait de tous côtés entendre comme un récit touchant et grandiose de la puissance et de la gloire de Dieu.

A mesure que nous approchions du couvent notre impression devenait plus vive, et nos lèvres n'exprimaient plus nos émotions que par ce mot rapide : « Quel beau spectacle! » Aujourd'hui encore, je ne peux dire les sentiments divers qui nous donnaient à tous en ce moment des émotions si profondes et si douces!

Le couvent de la Grande-Chartreuse ressemble à un grand village, sans rues ni places publiques. Les clochers de vingt-cinq chapelles dominent un nombre de toits très-variés. Le cimetière des religieux est adossé à la montagne, du côté le plus rapproché des cellules. Une fosse y est toujours à demi-creusée, comme au couvent des Trappistes. A qui est-elle destinée?

Chaque Père habite une maison particulière composée de cinq pièces : lieux de travail ou de prières. Une étroite fenêtre s'ouvre sur le cloître, où les frères lais apportent à chaque repas la nourriture aux Chartreux. C'est une existence à la fois rude et belle que celle où l'homme ne se rapproche de son frère que pour unir sa prière à la sienne !

Les offices religieux ont à la Chartreuse un caractère d'austère piété. L'office de la nuit, chanté à la lueur de lampes qui éclairent comme à regret le livre des Pères, remplit l'âme d'une tristesse profonde. L'esprit sent à ce chant la faiblesse de sa nature, et croit voir planer au-dessus du sanctuaire, la justice de Dieu, que les religieux viennent fléchir au milieu de la nuit. Pendant ce temps, ailleurs, les dernières bougies des salles de bals s'éteignent, et finissent les dernières chansons de l'ivresse !

On ne reste pas à la Grande-Chartreuse pour se distraire. Le beau, le majestueux, le divin presque, vous poursuit partout. Rien n'y est riant ou joli : tout y est grandiose et austère.

Nous fîmes notre pèlerinage à la chapelle de Saint-Bruno. Le fondateur de l'ordre des Chartreux avait placé sa retraite dans le plus profond du bois. La chapelle est élevée sur un rocher, au pied duquel coule l'eau d'une fontaine. Le bruit de cette source était le seul qui parvînt aux oreilles du grand saint.

Il fallut retourner !

Nous étions trop, les uns et les autres, sous le charme de la forêt pour reprendre la route carrossable que nous avions parcourue. Nous ne résistâmes pas à la séduction, et, quelque pénible que dût être le chemin, nous retournâmes à Grenoble par la montagne, pour demander au désert ses derniers enchantements.

Quels aspects merveilleux ! et comment songer à la fatigue ! l'œil ne voit que sapins gigantesques ou rochers cyclopéens. Quelquefois, au détour de la route, le regard plonge dans la grandiose vallée, et aperçoit, au milieu de la sombre verdure du bois, les flèches immobiles et grisâtres du couvent. Singulier contraste ! Si nous abaissions les yeux, les fleurs les plus frêles, de l'éclat le plus tendre, croissaient à l'ombre des grands sapins.

La route s'engage bientôt dans de nouvelles vallées. Partis de la Grande-Chartreuse à neuf heures du matin, nous étions à une heure au village du Sappey. A la majesté des bois avait succédé la mélancolie des plateaux élevés et solitaires. On parle, et le moindre vent ravit la parole : nous étions comme perdus dans l'immensité du ciel !

Une heure et demie après, le plus vaste et le plus séduisant panorama s'étendait au loin sous nos yeux.

Nous sortions des dernières gorges du massif de la Grande-Chartreuse : la plaine de Grenoble nous apparaissait dans toute son étendue. Face à face, nous voyions dans leur majestueuse beauté, de l'autre côté de la vallée, les fiers sommets de la chaîne des Alpes, les eaux écumantes de la grande cascade de l'Oursière, le bois noir d'Uriage, et, dans le lointain, le mont Obioux!

La longue descente de la montagne du Sappey, jusqu'à Grenoble, est une course ravissante. A chaque pas le paysage varie, et la variété embellit le paysage!

On salue au milieu de la route l'église, puis le couvent des dames de Corrенc, dont le clocher est aperçu des extrémités de la plaine. La dernière étape est presque au pied de la montagne, au couvent des dames du Sacré-Cœur.

L'emplacement occupé par les religieuses est bien nommé : c'est vraiment le Montfleury. Du pied de la montée jusqu'au sommet que couronnent les élégantes constructions du couvent, l'acacia, l'ormeau et le platane couvrent de leur ombre, vers le nord, le lierre et la violette qui tapissent la terre. Sur le versant qui regarde la plaine et les hautes montagnes, une vigne opulente couvre le sol et vient porter son feuillage et ses fruits aux murailles des chapelles. Le plateau lui-même est un délicieux jardin, dont une statue de la Vierge accepte et bénit l'hommage. Mais que dirai-je des fleurs plus délicates et plus belles que préparent avec tant d'art et de dévouement, pour le désert du monde ou les marches de l'autel, les dames du Sacré-Cœur? Les jeunes pensionnaires de ce ravissant endroit sont, en vérité, grâce aux soins qui protégent leur cœur et mûrissent leur esprit, la plus gracieuse parure de Montfleury!

A gauche du couvent, l'antique château de Bouquéron, devenu une station thermale, offre à l'œil le plus charmant effet. Mais nous avons hâte de retourner à Grenoble, et nous disons un adieu plein de regret à ces lieux enchantés par la plus douce et la plus aimable nature.

CHAPITRE III

Grenoble. — Le Palais de Justice. — Bayard. — Les Jeunes Économes. — Les Balmes.

Nous n'avions pas encore visité les curiosités de la ville de Grenoble. Nous commençâmes le lendemain même et nous visitâmes les monuments publics, tout émus encore par la grandiose nature de la Grande-Chartreuse.

Le plus intéressant monument de Grenoble est le palais de justice. Encore embarrassé dans un amas de constructions étrangères, le palais présente, sur la place Saint-André, ses croisées gothiques ornées des plus gracieuses fleurs de l'architecture. On dirait qu'un archéologue, inspiré par l'amour du contraste, a transporté là, au milieu des grossières et lourdes habitations modernes, ces étonnantes merveilles de légèreté et d'élégance. La grande salle du palais est vaste et belle. On n'entre pas sans quelque émotion dans ce lieu, où siégeait avant la révolution française l'illustre parlement du Dauphiné. C'est là que furent défendus avec une noble ardeur, qui devint, hélas! fatale à la France, les droits de la nation, méconnus par les premiers ministres de Louis XVI. C'est là que le patriotisme de Mounier et de Barnave commit ses premiers et tant regrettables excès. On se rappelle, devant ces amers souvenirs, le mot de saint Paul : « Ne soyez pas trop sages. » Que fût-il arrivé à notre pays, si les Dauphinois eussent été plus craintifs ou plus dociles, si, au lieu de revendiquer l'exercice de leurs droits, ils s'étaient soumis aux édits bursaux!

Grenoble a élevé un monument à Bayard, « au chevalier sans peur et sans reproche. » Sa statue, placée entre le palais de justice et l'église Saint-André, représente le noble chevalier près de mourir, se confessant à la croix de l'épée qu'il avait conservée si pure, et qu'il avait illustrée dans cent combats. Nous nous rappelions, en voyant ce grand homme de guerre si fidèle dans ses derniers moments aux premiers temps de sa vie, les doux conseils que sa mère lui donnait en pleurant : « Pierre, mon amy, disait à Bayard sur le point de partir cette mère chrétienne, vous allez au service d'un gentil prince. D'autant qu'une mère peult commander à son enfant, je vous commande trois choses tant que je puis ; et si vous les faites, soyez assuré que vous vivrez triomphalement en ce monde :

« La première, c'est que devant toutes choses vous aymiez, craigniez et serviez Dieu sans aucunement l'offenser s'il vous est possible, car c'est celluy qui nous a tous créés et qui nous fait vivre ; c'est celluy qui vous saulvera ; et sans lui et sa grâce, ne scaurions faire une seule bonne œuvre en ce monde. Tous les soirs et tous les matins, recommandez-vous à luy, et il vous aydera.

« La seconde, c'est que vous soyez doulx et courtois à tout gentilhomme, en ostant de vous tout orgueil. Soyez humble et serviable à toutes gens ; ne soyez maldisant ne menteur, maintenez-vous sobrement quant au boire et au manger. Fuyez envye, car c'est un vilain vice. Ne soyez ne flatteur, ne rapporteur, car de telles manières de gens ne viennent pas volontiers à grande perfection. Soyez loyal en faicts et dicts, tenez votre parolle, soyez secourable aux povres veufves et orphelins, et Dieu vous le guerdonnera.

« La tierce, c'est que des biens que Dieu vous donnera, vous soyez charitables aux povres nécessiteux ; car donner pour l'honneur de luy n'appovrit oncques homme ; et scachez de moi, mon enfant, que telle aumosne que vous pourrez faire grandement vous prouffitera au corps et à l'âme.

« Voilà tout ce que je vous en charge. Je crois bien que votre père et moi ne vivrons plus guère. Dieu nous fasse la grâce à tout le moins, tant que nous serons en vye, que toujours puissions avoir bon rapport de vous. »

« Alors, ajoute le chroniqueur, alors le bon chevalier, quelque jeune âge qu'il eust, lui répondit : « Madame ma mère, de vostre bon enseignement, tant humblement qu'il m'est possible, vous remercie, et espère si bien l'ensuyvre, que moyennant la grâce de celuy en la garde duquel vous me recommandez, en aurez contentement. »

Bayard « ensuyvit ce bon enseignement, » et en mourant peut-être remerciait-il Dieu de lui avoir donné pour lumière de sa vie, les conseils de sa vertueuse mère !

La ville de Grenoble est divisée en deux villes : l'ancienne et la nouvelle.

A l'est de la grande place carrée nommée la place d'Armes, et dont la préfecture occupe l'un des côtés, la ville a élevé la bibliothèque municipale : on dirait la façade d'une gare. L'intérieur est vraiment riche et commode. Le nombre des volumes est considérable, mais composé d'ouvrages anciens. En revanche, peu de bibliothèques possèdent une aussi belle collection de livres appartenant à l'histoire locale.

Nous nous reprocherions, en parlant de Grenoble, d'oublier ses institutions charitables. C'est à Grenoble que naquirent, dans leurs formes actuelles, les sociétés de secours mutuels. Pas un ouvrier ne vit isolé, pas un malade ne se plaint sans être consolé, l'enfant pauvre a toujours une mère, le jeune homme un appui, le vieillard une famille. Contraste curieux ! La politique n'engendre pas ailleurs plus de fous qu'à Grenoble, et en dehors des idées politiques, on trouve rarement ailleurs plus de sens ! C'était un homme très-sensé et très-habile dans la pratique de la vie, qui nous disait sur un ton grave : « Monsieur, quand je n'ai pas lu quatre journaux le matin, je ne puis rien faire. C'est dans les feuilles publiques qu'on apprend à penser, et qu'on s'instruit des intérêts du pays ! Le premier de ces journaux est *le Rappel.* »

La haute population de Grenoble est animée d'une généreuse charité. On connaît, sans nul doute, l'association des Jeunes Economes, instituée dans la plupart des villes, et formée par les jeunes filles des familles riches, dans le but de venir en aide aux enfants indigents. A Grenoble, cette association est dans une admirable prospérité. A peu près toutes les grandes familles y ont un représentant laborieux et assidu. Chaque mois, ces jeunes filles quittent leurs riches appartements, et viennent penser en commun aux enfants qui manquent de vêtements et de pain. La compassion naît ainsi dans le cœur; ainsi se forment, sous l'influence de la religion, les liens de pitié et d'affection qui doivent unir les riches aux pauvres. Plus tard, devenues mères de famille, les jeunes économes, en regardant leurs enfants, songeront à la misère dans laquelle un caprice du sort pourra les jeter, plutôt qu'aux fêtes brillantes où les conviera leur richesse! Nous sommes ainsi faits que nous n'usons sagement de la vie qu'en pensant à la mort, et que nous n'employons sagement notre fortune qu'en nous souvenant de l'indigence!

Qu'on me permette ici de reproduire une vive impression que j'ai ressentie dans l'ancienne capitale du Dauphiné. Personne n'entrera dans un magasin de Grenoble sans être touché de l'exquise amabilité des marchands et de leur délicate attention. Certes, c'est là quelque chose pour un voyageur. J'ai entendu des Parisiennes souhaiter tout haut que les jeunes filles et les jeunes garçons des magasins de la capitale fissent leur apprentissage à Grenoble.

Cette exquise politesse est un reflet du génie

hospitalier des Grenoblois. La population de toutes les classes est bienveillante, douce et joyeuse. Il y a quelque souvenir des coutumes patriarcales dans la simplicité pleine de dignité et d'affection avec laquelle on est accueilli dans les familles. Les fonctionnaires, ces nomades de la civilisation moderne, trouvent difficilement ailleurs des cœurs plus bienveillants et une société plus polie.

J'avais oublié une excursion. Je réparai ma faute le dernier jour, et je visitai l'admirable site des Balmes, entre le désert de Jean-Jacques et les cuves de Sassenage. Le chalet, situé au pied de la montagne, caché sous de grands arbres, est la demeure de la poésie. Sous les plus hautes fenêtres, l'immense et splendide horizon de la plaine de Grenoble étale ses splendeurs. Les forts de la ville s'entrevoient à travers le feuillage des arbres. A droite, la chaîne des Alpes se laisse voir jusqu'au fond de la vallée du Graisivaudan. A gauche, le mont Saint-Eynard élève fièrement sa tête, ceinte d'une couronne de rochers !

Mais quelles ravissantes retraites se cachent derrière le chalet ! La roche se dresse soudainement en ligne perpendiculaire. Ici grisâtre, là rougeâtre, elle porte sur ses flancs des genêts, de l'angélique et du lierre. De hauts peupliers, des trembles, des sapins et des ormeaux la caressent de leurs cimes au balancement harmonieux du vent. Quelquefois la terre, le ciel et l'horizon disparaissent : le lierre, les fraisiers, la marguerite couvrent le sol, un taillis de genêts en fleur dérobe la plaine ; l'ombrelle des arbres arrête les rayons du soleil et ne laisse filtrer qu'une paisible lumière.

C'est le séjour de la tranquillité. Nous nous assîmes là. Tout à coup un chant monotone, triste et doux, parvint à nos oreilles : une autre mélodie eût effrayé ce lieu silencieux ; la note que nous entendions ne troublait pas la solitude et semblait être sa voix. Le musicien était une goutte d'eau qui tombait lentement sur les eaux ramassées dans le creux du rocher !

De tels spectacles, pleins d'une joie si pure et si facile, expliquent bien les paroles qu'Horace adressait à Grosphus :

« Il vit heureux de peu, celui pour qui brille sur sa table étroite la salière paternelle. Ni la crainte, ni le désir sordide ne lui ôtent son tranquille sommeil. Pourquoi tendons-nous à tant de choses, nous qui vivons si peu ? Pourquoi cherchons-nous des terres chauffées par un autre soleil ? Celui qui s'exile de sa patrie se fuit-il soi-même ?

« Le souci rongeur monte sur les nefs aux proues d'airain : il poursuit les bandes de cavaliers, plus rapide que les cerfs et plus rapide aussi que l'Eurus qui chasse les nuées. »

CHAPITRE IV

Les diligences. — Le Pont de Claix. — Vizille. — Laffrey. — Napoléon Ier. — La Mure.

Dans cinq ans il sera trop tard pour visiter le Dauphiné. Les chemins de fer l'auront envahi et y auront apporté les prétendues merveilles de la civilisation. Maintenant on voyage encore en diligence à six chevaux et s'il pleut, on redoute que les torrents grossis n'arrêtent les voitures; la nuit, on traverse de sombres défilés, on côtoie d'affreux précipices; enfin, on court l'agréable chance de contracter une bonne et précieuse amitié avec le compagnon de route. O chemins de fer, vous dissipez ces joyeuses émotions, vous nous ravissez ces biens ! Une seule circonstance atténue le tort des locomotives : celle de nous débarrasser plutôt que la diligence d'un voisin ennuyeux.

Nous partîmes pour Gap. Après avoir visité

l'ancienne capitale du Dauphiné, il était nécessaire de connaître le modeste chef-lieu des Hautes-Alpes. On parle à peine de cette région. Ce silence est dû sans nul doute à la vertu de ses habitants. Toutes les années, à peu près, une ou deux sessions de cour d'assises y sont inutiles, faute de criminels. En sera-t-il de même lorsque les chemins de fer traverseront les montagnes et ouvriront le pays à tous les vents ? Du moins, les Alpins auront eu cette gloire de rester purs tant qu'ils seront restés eux-mêmes !

Le Pont de Claix, à l'extrémité du cours Saint-André, est le premier village que rencontre la diligence de Grenoble à Gap. C'est une suite d'auberges dans un carrefour. Une belle croix de pierre marque le milieu de la place. En avant, l'église est construite sur le bord de la route, dans une prairie. Plus loin, se perd à droite, dans les arbres, une grande papeterie. A gauche, les propriétaires de la manufacture ont bâti une cité ouvrière. Les ouvriers habitent chacun une maison séparée, ornée d'un balcon qui regarde un petit jardin et la route. Que le sort des hommes de cette papeterie, jouissant d'un air libre et pur, nous paraissait préférable à celui des ouvriers des villes !

De Claix jusqu'à Vizille, la route court entre la Romanche, dont les eaux rongent le pied d'une haute montagne, et une suite de collines couvertes de prairies à leurs sommets et de vignes sur leurs flancs. Un terrain marécageux borde la route. Bientôt l'espace s'élargit. Devant soi se dresse alors une haute montagne, dont les accidents ressemblent aux troncs noueux de saules. A ses pieds, Vizille montre les toits grisâtres de ses châteaux et de ses maisons !

Vizille, sans places et sans horizon, mériterait bien peu d'attention, s'il n'avait été « le berceau de nos libertés. »

Le château de Vizille, ancienne demeure des Lesdiguières, est un monument gothique, sans grande apparence extérieure : l'arrangement intérieur est plus beau. Il fut brûlé en 1825 ; la famille Périer le réédifia. On le visite comme un monument historique. Hélas ! les petits-fils de ceux qui l'illustrèrent en 1787, en provoquant la révolution française, y insulteraient aujourd'hui à la modération de leurs aïeux. Les partisans de la révolution ne se réunissent plus au château de Vizille : il leur faut l'atmosphère enflammée des clubs !

La route se divise à Vizille : d'un côté elle conduit au Bourg-d'Oisans ; de l'autre, elle monte à Gap.

Suivant les excursionnistes les plus solides du Dauphiné, le Bourg-d'Oisans est un pays d'une surprenante beauté et d'un caractère d'une singulière originalité. Le temps ne nous permettait pas de le visiter. C'est un des regrets de notre voyage.

La route de Gap passe au sortir de Vizille sur un gigantesque pont de pierre. Des dernières pierres de ce pont commence l'une des montées les plus longues de la France entière. De là jusqu'à Laffrey, sur un parcours de huit kilomètres, le chemin est une montée. Ici rapide, là dangereuse, plus haut moins raide, la pente domine toujours le précipice. Mais quel ravissant panorama l'œil contemple pendant huit kilomètres !

Au fond de l'étroite vallée, les eaux de la Romanche perdent, à mesure qu'on s'élève, leur couleur terreuse, pour n'offrir à l'œil que le reflet éclatant du soleil. Sur ses bords, les champs divisés montrent les couleurs d'or du blé jauni ou le vert sombre de la prairie. A côté les vignes appuient leurs branches souples sur de hauts échalas ; plus loin, le chanvre balance ses tiges élancées au souffle du vent. Toutes les beautés que la végétation des Alpes peut offrir à l'œil sont réunies dans cette plaine resserrée et sur ces hautes montagnes. Puis la montagne elle-même s'élève lentement par des terrasses de verdure. Pas un coin de terre n'est inculte. Tout semble verdir sous la protection sensible du Dieu de la solitude. Peu à peu le silence des hauteurs fait cesser les agitations de l'âme; la paix de la nature calme les bruits de ses emportements et de ses préoccupations. On sent, devant ce spectacle, son esprit entraîné vers la puissance mystérieuse qui donne à la vallée sa beauté, à la montagne sa grandeur, au pays sa poésie !

Laffrey est au haut de la montée. Ce petit et long village n'est ni sans agrément, ni sans renommée. Trois lacs, dont les eaux bleues rappellent la Méditerranée, placés à la suite les uns des autres, constituent ses trois plus beaux joyaux. Leur largeur occupe le plateau. La route, adossée à la montagne, les borne à l'ouest; à l'est, c'est encore la montagne qui leur sert de limite, mais une montagne d'un aspect singulièrement doux. Plusieurs terrasses de bois de fayard, égayées par des chaumières, conduisent les yeux des bords des lacs jusqu'à la moitié de la hauteur. De là au sommet, tout est gazon épais, sans arbuste ni rocher. De grands troupeaux de vaches paissent au hasard. C'est un aspect mélancolique digne d'un tableau de Claude Lorrain !

Les lacs de Laffrey ont été les témoins de l'un des plus émouvants épisodes de la vie de Napoléon Ier. L'empereur retournait de l'île d'Elbe à Paris. Il avait traversé le Var, les Basses et les Hautes-Alpes. Arrivé dans l'Isère, au-dessus du canton de La Mure, à l'endroit de la route étroitement resserrée entre les lacs de Laffrey et de la montagne, il rencontra un bataillon de vieux grenadiers envoyés pour arrêter sa marche. Napoléon devait fuir ou courir le risque de succomber avec les siens. Il préféra s'exposer seul au danger. Plein de résolution, l'empereur quitta les rangs du petit nombre de soldats qu'il traînait après lui, et vint au-devant de ses vieux grenadiers. Ceux-ci avaient l'arme prête à tirer. Découvrant sa poitrine, Napoléon s'écria : « Eh quoi, mes amis, ne me reconnaissez-vous pas ? S'il est parmi vous un soldat qui veuille tuer son général, son empereur, il le peut, me voilà ! » Cette parole fit tomber le fusil des mains des vieux soldats. Quelques jours après, Napoléon entrait à Paris !

Le plateau entre deux montagnes, qui commence à Laffrey et se continue par les lacs, se termine à La Mure. Après les lacs, la plaine est couverte de prairies sans arbres ; les corbeaux et les pies animent seuls l'espace. Le paysage est plein de tristesse.

CHAPITRE V

La Mure. — Un orage. — La Salette. — Ascension nocturne. — Mon nouvel ami.

Au moment où nous arrivions à La Mure, le ciel s'était couvert de noirs nuages : un orage nous menaçait. Nous nous arrêtâmes quelques instants. La Mure est un canton important; il est le centre de tout le commerce des villages environnants perdus dans les plis des montagnes. Les foires y sont considérables; mais rien de particulier dans les monuments ou le village ne sollicite les regards du voyageur.

Peu à peu le ciel s'était éclairci; nous reprîmes notre route. La nuit approchait.

Quand on quitte La Mure pour aller à Gap, la voiture descend une pente rapide et va traverser, à une profondeur incroyable, un torrent aux eaux vertes. Le torrent descend des hautes montagnes qui font face au mont Obioux, et prend sa source derrière le pic de Notre-Dame de la Salette. Les eaux nourrissent des truites délicieuses, telles, disent les habitants du pays, qu'on n'en connaît pas au loin de pareilles. Comment ne pas admirer la bonté de la Providence, qui, loin de priver de poisson les habitants des montagnes, leur en donne dont la chair est fine et savoureuse?

Le torrent de La Mure atteste encore aujourd'hui quelle importance a toujours eue la route que nous parcourions. Au-dessous du pont que traverse la diligence, on voit les ruines d'un autre pont construit par les Romains. Comme si la nature s'intéressait elle-même à la durée de ce monument, elle a fait germer entre les pierres des herbes et des arbustes, dont les racines retiennent le ciment!

Nous avions à peine passé ce pont fameux que la pluie commença à tomber. La nuit sombre vint tout à coup. Des éclairs brillèrent, lorsque les chevaux n'avaient pas encore atteint la moitié de la montée qu'il faut gravir le long d'affreux précipices pour arriver à la hauteur du plateau, de l'autre côté de La Mure. Bientôt, le bruit lointain du tonnerre parvint à nos oreilles. Un instant après, il éclatait au-dessus de nos têtes avec un fracas horrible. De ce moment, pendant une heure, les éclairs et le tonnerre se succédèrent dans la nuit avec une terrible rapidité. Les chevaux n'osaient plus avancer, tant la nuit était obscure, tant les éclairs les effrayaient. Les postillons, effrayés eux-mêmes, hésitaient à presser les chevaux. Mais l'immobilité était aussi dangereuse que la marche. Les fossés de la route étaient pleins d'eau, les chemins ressemblaient à une large rivière. Peut-être les bornes de la route qui nous séparaient des précipices allaient-elles s'effondrer sous la violence des eaux! Quel instant! mais quelle force imposante dans la voix du tonnerre répercutée par cent montagnes! Quel effroi! mais quelle sinistre beauté dans ces éclairs qui nous faisaient apparaître la plaine, le mont Obioux, les montagnes voisines, tout à l'heure riantes, dans une sombre et terrible lueur! C'était une tempête sur terre! Tous les voyageurs, je ne m'excepte pas, étaient saisis de peur. Un moment après, cependant, le fracas du tonnerre avait cessé avec la pluie, et les étoiles avaient repris leur éclat.

Quand nous arrivâmes au village de Corps, il était onze heures du soir.

La position de Corps est pittoresque. Les maisons du village montent d'une vallée profonde jusqu'à une sorte de plateau où se voient au milieu des auberges, dans la rue principale, l'abside et le clocher de l'église.

Si on quitte la grande route pour descendre jusqu'à leur extrémité les ruelles qui longent les nefs de l'église, on arrive dans une plaine cultivée d'où se découvre l'un des plus vastes panoramas du Dauphiné. L'œil revoit l'immense étendue que l'on a traversée depuis La Mure. Les précipices au fond desquels la diligence a passé apparaissent comme de larges fossés : on aperçoit seulement la surface des plateaux sur laquelle on est arrivé après tant de fatigues. Çà et là, quelques toits rouges rappellent au souvenir les villages où l'on s'est arrêté. Enfin, une ceinture de montagnes gigantesques ferment l'horizon de tous côtés : ici le rapprochement montre les rochers dans leur nudité affreuse; plus loin, la distance en adoucit les âpretés; plus loin encore, l'éloignement n'apporte au regard de la chaîne du mont d'Aiguille, qu'un aspect d'une majesté mélancolique.

Si, au contraire, le voyageur regarde la montagne qui domine le village de Corps, la végétation descend jusqu'aux dernières maisons et s'entremêle avec elles. A droite, de larges ravines ont désolé les pentes, à gauche, les contours de la montagne se perdent dans la vallée qui conduit au pélerinage de Notre-Dame de la Salette.

Diverses préoccupations m'ayant retenu à Corps pendant une journée entière, je résolus de me dérober aux fatigues de la chaleur, et je partis le soir à huit heures et demie, pour me rendre au célèbre sanctuaire. La nuit commençait : il nous fallait côtoyer durant quatre heures d'effrayants précipices.

J'avais choisi un guide très-habile et déterminé.

A peine entrions-nous sous le dôme de verdure qui couvre la route au sortir du village, que je tentais de lier une connaissance intime avec Rocpierre (c'était le nom de ce guide). Il me parla aussitôt de sa famille, voulut me raconter ses chagrins domestiques ; il tenta surtout de m'apitoyer sur le sort de ses enfants en bas âge. Sans doute, si j'eusse écouté mon guide jusqu'au bout, bientôt il aurait essayé de m'émouvoir par ses larmes. Je détournai la conversation. De sa famille aux misères de laquelle il m'avait si promptement associé, je passais aux mœurs des habitants, à leurs usages, aux légendes qu'ils racontent dans la veillée.

Je commençais à peine cette évolution qu'arrivé dans le fond de la vallée où commence la montée de la Salette, ma monture fit soudain un écart à côté du chemin, et, levant les narines au ciel, refusa un instant de marcher. La nuit nous enveloppait tout à fait à ce moment, nous distinguions à peine, à quelques pas, les massifs de châtaigniers qui dérobaient à nos yeux les eaux du torrent dont nous entendions la voix. La solitude complète et l'obscurité dans laquelle nous étions, firent que le brusque arrêt du mulet me causa un mouvement de crainte. Le guide avait été contraint de lâcher la bride : Monsieur, me cria aussitôt Rocpierre, n'ayez point peur! Je crus deviner dans l'accent de ces mots une trace de frayeur. Mon Dieu, qu'allait-il arriver! La nuit cachait à mon guide les diverses impressions de mon visage : il ne crut pas utile de me rassurer par des paroles plus fermes, et s'avançant vers le mulet, il chercha dans l'obscurité la bride qu'il avait laissé tomber. Le mulet y opposa un instant quelque résistance, enfin il baissa la tête et reprit sa route.

— Monsieur, me dit alors tranquillement Rocpierre, il y a un renard ou un loup dans le voisinage!

— Un renard ou un loup!

— Et il n'est pas loin, ajouta-t-il avec flegme.

— Il n'est pas loin! il a donc faim, qu'il se rapproche aussi près de la route? Mais à quels signes devinez-vous sa présence?

Rocpierre me conta alors que lorsque le mulet s'était brusquement jeté du côté de la route et avait refusé d'avancer, c'est qu'il avait senti un renard ou un loup, et que nul animal ne devinait mieux que le mulet le voisinage de ces carnivores. Je lui demandai alors si les loups faisaient quelquefois des ravages dans les troupeaux du pays : « Il n'y en a presque plus dans nos montagnes, me répondit-il; de temps à autre, on entend bien parler de l'un d'eux, mais c'est pour annoncer sa capture ou sa mort. Mon père.... » Je crus deviner à ces mots que mon guide allait me ramener à son foyer, à l'abandon de ses enfants, à sa propre misère, etc. Je l'arrêtai, et je lui demandai d'écouter dans la nuit.

Nous débouchions, à ce moment-là, d'une étroite gorge, où nous avions longé un terrible et noir précipice. La voix du torrent se perdait peu à peu dans le lointain, et bientôt nous nous trouvions en face de l'immense entonnoir de montagnes au fond duquel le village de la Salette a placé son église. Pour nous, à cette heure nous n'apercevions autour de nous qu'un vide immense, à peine éclairé du feu des étoiles, et borné par de hautes et grandes ombres. Rien ne troublait le silence sinon les pas lourds et cadencés de la monture et du guide. Je ne sais définir l'impression de calme que je ressentais à ce moment. J'avais demandé à Rocpierre d'écouter dans la nuit : c'était afin que je pusse goûter au-dedans de moi-même, le mélange des douces impressions qui me faisaient plaisir. Que les étoiles me paraissaient brillantes, au-dessus de nos têtes et sur la crête des montagnes devenues de grandes ombres : leur éclat avait une indéfinissable pureté. Puis, je crus voir dans le tableau que j'avais sous les yeux l'image de la vie. Le ciel seul est un lieu de lumière et de paix, la terre est un immense vide dans lequel nous marchons comme au hasard, ignorant toujours si nos pas ne vont point rencontrer devant eux la pierre qui les fera trébucher.

— Vous voyez cette chapelle ? me dit tout à coup Rocpierre.

Je vis, en effet, à ce moment, au milieu d'un champ de blé, une bâtisse qui me sembla une petite maison.

— C'est la chapelle Saint-Laurent, reprit mon guide. Les habitants de Corps avaient une fois leurs troupeaux ravagés par une peste, ils avaient fait des pèlerinages dans toutes les églises environnantes, la peste durait toujours ; ils vinrent ici, et la peste cessa tout à coup. Depuis ce temps-là, ils viennent toutes les années ici en pèlerinage. Le prêtre dit la messe dans l'intérieur de la chapelle, et la foule l'entend du dehors.

— Qu'est-ce que cela ? dis-je alors à Rocpierre, et je lui montrais devant nous une masse épaisse de laquelle il me semblait que des chants de voix humaines étaient sortis.

— C'est le village de la Salette.

Nous traversâmes les quelques rues qui forment le village. C'étaient bien des voix humaines que nous avions entendues.

Mon guide me montra alors à quelques pas de la route, une étroite croisée garnie de papier à travers lequel on devinait plus qu'on ne voyait l'éclat d'une lumière. — C'est le café de la Salette, me dit-il.

Un café au village de la Salette!

Au sortir du village, nous passâmes devant une maison que Rocpierre me dit être l'église. L'ombre d'une grande croix s'étendait sur la route. Plus loin, mon guide me fit voir une autre chapelle. J'avais eu à peine le temps de percer l'obscurité de la nuit pour en reconnaître la forme, que ma monture s'était engagée dans le lit d'un torrent. Le peu d'eau qui coulait clabaudait entre les pierres, murmurait et chantait. Par endroits, l'eau, plus étendue et plus profonde, prenait le reflet des étoiles. Enfin nous sortîmes de cette étrange route. Mais quel chemin prîmes-nous! La nuit m'en cachait tout à fait l'aspect. Seulement je sentis bientôt, aux faux pas de mon mulet et aux impatiences de mon guide, que nous marchions à travers des rochers. Nous étions à mi-route.

De ce moment l'air frais de la nuit devint plus vif : pour nous dérober aux chaleurs du jour, nous n'avions pas songé au froid de la nuit. Rocpierre accepta un peu d'eau-de-vie que je portais dans ma gourde. Mais l'eau-de-vie ne nous réchauffait ni l'un ni l'autre. Je descendis de monture : les grosses pierres qui encombraient la route nous empêchaient de marcher vite. Que faire? j'avais beau serrer contre mes épaules un mince pardessus d'été; l'air mordait plus âprement. J'en étais déjà au point de craindre tous les maux qu'engendre le froid lorsque nous arrivâmes à une partie du chemin presque plate et facile à parcourir. Nous pressâmes le pas : nous étions réchauffés. Mais hélas! il nous restait encore une heure de chemin à parcourir; il était onze heures du soir!

J'avais repris ma monture lorsque tout à coup j'entendis, se perdant dans l'air, un chant de trois ou quatre voix : c'étaient des jeunes gens du village de la Salette qui revenaient d'un hameau : leurs ombres passèrent à côté des nôtres, mais je pus saisir dans leurs voix avinées je ne sais quelle chanson légère.

Je restai un instant interdit. Quoi! si près du sanctuaire de la Salette, dans une atmosphère si pure et si saine, on chantait des chansons dignes des barrières de Paris. Il y a des lieux — et les lieux où nous étions sont de ceux-là — où le chant seul de la prière résonne harmonieusement. Les chants frivoles, les échos de la grande nature semblent ne pas les écouter, et les renvoient à l'oreille brisés et discordants.

Nous achevions notre route. Rocpierre essaya encore de m'apitoyer sur le sort de sa famille. Il me parla des veillées d'hiver, me désigna les plantes à la vertu desquelles il croyait : sous prétexte de me dire quelque légende, il essaya de chanter un air ancien qu'il tenait de ses vieux parents; mais je vis bientôt se lever à quelques mètres devant nous, les murs de la grande basilique de la Salette. Je gravis le petit sentier qui conduit au parvis de l'église; j'essayais d'apercevoir à travers les ténèbres l'étroite vallée où la vierge de la Salette apparut; je saluais les étoiles dont la faible clarté avait été la seule lumière de notre route, et je dis à mon guide au revoir jusqu'au lendemain matin.

Le pélerinage de la Salette est trop connu pour que j'essaie ici d'en exposer les titres de gloire, et de rappeler les miséricordes que Dieu y a exercées par l'intercession de la sainte Vierge. Le spectacle que présentent dans l'éclat du soleil les montagnes de la Salette, a été lui-même trop souvent décrit pour que je rappelle ces immenses montagnes couvertes d'une épaisse prairie jusqu'à leur sommet, et que je fasse entrevoir, en face du pic de la Salette, le terrible sommet des montagnes du Devolüy. Non; on me permettra cependant de rappeler un fait dont j'ai été le témoin.

Après m'être reposé quelques heures, je me levais au moment où le soleil venait dorer le clocher de la basilique. Avide de spectacle, je montais aussitôt à la chapelle de l'Assomption qui domine les bâtiments du couvent. C'est là qu'est le cimetière. J'y entrais. Des croix de bois ou de pierre, des épitaphes ou des sentences religieuses, telle est la somptuosité humaine de ces sépultures; mais autour de chaque tombe le soleil formait, au moment où je pénétrai dans le champ de mort, une couronne d'une éclatante beauté : il diamantait les gouttes de rosée, et les avaient transformées en perles magnifiques! Hélas! l'instant d'après, cet ornement même que la nature donne chaque jour à ces morts avait disparu. Ainsi passe la gloire du monde!

J'en étais là de mes réflexions lorsque je vis venir de mon côté un homme, âgé de vingt-cinq ans environ. Nous nous accostâmes facilement. Il était triste.

Marié depuis peu de temps avec une femme belle, pieuse et tendre, Dieu avait complété l'enchantement de ses premières amours en lui donnant pour enfant un ange de son paradis. Il me raconta qu'en le voyant pour la première fois, un sombre pressentiment avait fait soudainement frissonner son corps. Mais huit jours se passèrent, pendant lesquels la beauté de l'enfant s'accrut.

Hélas! tout d'un coup, d'horribles convulsions vinrent défigurer ce bel ange, torturer ses petits membres, lui arracher de cruelles plaintes et menacer sa vie. On avait eu recours à tous les remèdes. Sa mère avait imaginé les plus doux soins, avait inventé les plus douces caresses. Rien n'avait réussi! On désespérait, lorsqu'une vieille femme fit songer mon interlocuteur à la bonté tant célébrée de Notre-Dame de la Salette. J'ose dire que l'incrédulité la plus rebelle aurait eu recours, devant ce berceau à moitié occupé par la mort, à la suprême ressource de la prière. Au nom de la Salette, mon interlocuteur sentit plus profondément l'impuissance des remèdes, des soins et des caresses, et il promit à la sainte Vierge de la remercier sur sa montagne même si elle rendait la santé à son fils.

Il venait maintenant accomplir ce vœu. L'enfant avait été à peu près guéri le jour même où le vœu avait été fait au ciel.

Cependant mon interlocuteur venait seul : quelque temps après, une autre maladie lui avait ravi son fils. Il était triste, il parlait de la beauté de son enfant avec une sorte de ravissement. Nous descendîmes ensemble sur le lieu de l'apparition. Lorsqu'il s'agenouilla au pied de la statue de bronze qui représente Notre-Dame de la Salette, il éclata en sanglots.

CHAPITRE VI

Le Valgodemard. — Saint-Firmin. — Saint-Bonnet. — Le Champsaurd.

Lorsqu'on a laissé Corps pour aller dans le département des Hautes-Alpes, on s'avance sur une route qui coupe, à la moitié de sa hauteur, la montagne au pied de laquelle le village est situé. A gauche, au-dessus de la tête, et à droite à nos pieds les pentes sont caillouteuses et ravinées. Le passage est dangereux les jours de pluie, et les avalanches de neige arrêtent souvent les voyageurs. Mais quel étrange et saisissant aspect, la nature que l'on a devant soi offre à ce moment au regard!

Au fond de la profonde vallée, le Drac coule avec un bruissement effroyable, entre deux rochers séparés par une distance si faible que les habitants du pays appellent ce passage *Saut du Loup*. C'est au *Saut du Loup* que le terrible massif du Devoluy pose l'un de ses pieds. De ce point il s'élève par une pente brusque jusqu'au tiers de sa hauteur. Là, comme s'il craignait de montrer trop tôt à l'homme qui quitte l'Isère, ses horribles pics, il forme dans la montagne un immense abri, dont les limites tracent la figure d'un cœur et dont les accidents de terrain qui le constituent n'ont aucune rudesse. Ici boisé de mélèzes, là de pins et de sapins, l'immense abri cache à son centre un village aux toits rouges sous la sombre verdure de ses noyers. Mais qu'on lève les yeux au-dessus des derniers arbres qui protégent cette oasis ! les pics du Devoluy glacés par la neige, assombris par les nuages de la bise, montrent leur affreuse nudité !

Nous subissions ce mélange d'impressions, quand tout à coup, à un détour de la route, le postillon nous cria : Messieurs, voilà la vallée du Champsaur !

Aussi loin que notre œil pouvait apercevoir, nous voyions à ce moment devant nous, toutes les beautés et tous les contrastes de la nature : des champs verdoyants ou jaunis ; une rivière, ici d'un cours paisible, là d'un mouvement impétueux ; les signes de la dévastation causée par les eaux, à côté d'épaisses prairies, couvertes de nombreux troupeaux de vaches et de brebis ; à droite, une ceinture abrupte de hauts rochers couronnant des pentes ravagées et caillouteuses ; à gauche, de majestueuses montagnes, nouées, tourmentées, çà et là verdoyantes, ombragées par endroits de sapins ; au loin enfin, une pente adoucie, couverte d'une brillante culture, qui semblait s'être abaissée pour inviter le soleil du midi à éclairer ce magique tableau. Voilà le Champsaur !

La Suisse n'a pas de Champsaur !

La diligence descendait alors au fond d'une profonde vallée. Bientôt nous traversâmes sur un pont de bois, la rivière nommée la Sevraine dont nous devions voir quelques heures après le cours torrentiel dans le Valgodemard. La montée qu'il nous fallait gravir pour arriver au but de notre voyage : Saint-Firmin, est, par endroits, si rapide qu'on a dû former de longs zigzags. Des peupliers, des saules, quelques noyers entremêlent leurs branches et forment çà et là au-dessus du chemin, des abris contre les rayons du soleil. Nous arrivâmes, ainsi protégés et charmés, à la station de la diligence.

La première chose qui nous frappa dans ce premier canton des Hautes-Alpes fut les visages roses et joufflus de ses habitants. Des enfants, des femmes, des jeunes gens, des vieillards ouvraient de larges yeux pour voir passer les voyageurs. Leur gravité et leur étonnement nous eussent paru excessifs, si un mot de gaieté, jeté au milieu d'eux par le postillon, n'eût fait éclater un rire universel. Alors, la foule, comme si le postillon l'eût électrisée, se livra autour de nous à mille mouvements; elle allait, venait, souriant à tout et à tous. Tout excitait sa malice. La malice, l'esprit humouristique et caustique, nous ne connaissons point en France de pays qui en soit mieux doté que la région des Alpes !

Les costumes attirèrent peu nos regards.

Les « anciens » portent, allant aux champs, une sorte de vêtement de drap vert sombre, d'une forme semblable à nos habits, avec basques moins longues. Une chemise de toile grossière encadre de son col raidi par l'épaisseur de l'étoffe, leur rude et florissant visage. Les jeunes hommes sont habillés suivant la coupe moderne. Le plus souvent ils n'ont qu'un simple gilet.

Les femmes ont perdu aussi leurs vieux costumes ; elles ont remplacé le rude drap de serge par une étoffe plus légère, à la mode du jour. Elles n'ont gardé, dans leurs heures de travail, pour souvenir des antiques vêtements, que le demi-corsage, laissant en liberté les bras et le haut de la poitrine, et le vaste chapeau de paille tressé durant les veillées d'hiver !

Hélas ! tout passe : jusqu'à ces usages et ces costumes dans lesquels un pays avait marqué son génie, et qui servaient d'expression à son climat! Des anciennes et riches provinces, il ne restera bientôt plus que le nom historique. L'amour de la France se sera-t-il accru de la perte des affections locales?

A peine arrivés à Saint-Firmin, nous nous confiâmes aux soins d'un guide sûr pour nous conduire jusqu'à l'entrée de l'austère et grandiose vallée du Valgodemard.

Une charmante route, bordée de ruisseaux où l'eau vive semble accorder son murmure au gazouillement des mésanges, traverse les grasses prairies de la plaine de Saint-Firmin et conduit à l'entrée de la vallée. Notre guide avait un esprit fin et rusé : il aimait à rire, nous l'interrogions sur les beautés de la contrée. Il nous montra à notre gauche, le château Desherbey gracieusement situé sur une éminence à l'extrémité de la plaine; il nous parla du canal qu'un M. Desherbeys amena de la Sevraine en 1772; mais il semblait n'avoir de paroles et d'étonnement que pour le Valgodemard.

— C'est le pays le plus étrange de la région, nous dit notre guide. Les montagnes et les hommes ont un aspect particulier. La vie y est rude, il faut y être né pour y demeurer, le pain est dur et noir : on n'y chauffe le four qu'une fois l'an. Aux époques des semailles ce sont souvent les femmes elles-mêmes qui traînent la charrue devant leur mari : ce sont elles qui supportent les plus rudes travaux.

— Mais ces misérables populations vivent-elles sans trop murmurer contre leur sort ?

— Oh ! fit le guide en souriant, ils s'accommodent assez bien de leur genre de vie. Ni les femmes, ni les hommes ne paraissent là plus malheureux qu'ailleurs !

A ce moment le Valgodemard s'éleva tout à coup devant nous. La vallée est étroite, les montagnes ont une altitude inaccessible, les torrents dévorent la plaine.

Quelques champs placés aux pieds des monts étaient couverts de prairies et de moissons; sur la montagne quelques bouquets d'arbres interrompaient la sauvage monotonie des pics; à la plus grande hauteur les neiges, des glaciers éternels laissaient échapper sous l'effort du soleil des torrents impétueux. On en suivait le cours à leurs eaux écumantes jusqu'au fond de la vallée. Des cascades d'une hauteur vertigineuse nous apparaissaient au loin; le guide nous en montra une dont les eaux décrivent une telle courbe qu'entre elle et le rocher, l'espace serait assez grand pour y bâtir une maison.

Mais ce qui, devant ces terribles montagnes, saisit le plus vivement l'esprit, c'est que dans un lieu qui était le plus âpre et le plus sauvage de la terre, des hommes y aient établi leur demeure, s'y plaisent, y perpétuent leur famille. La terre est-elle donc si étroite que l'on soit réduit à tirer sa nourriture d'un sol si ingrat; vit-on ailleurs dans l'oppression que l'on soit porté à confier ses goûts, ses besoins, ses habitudes à ces retraites presque inaccessibles aux autres hommes ?

Un moment le spectacle que nous avions sous les yeux exerça sur notre esprit un tel empire, que nous décidâmes de rompre notre itinéraire pour parcourir avec passion les divers accidents de ces grandioses et terribles paysages. Nous n'avions rien vu de pareil, dans les Alpes-Bernoises, ni dans les Alpes-Maritimes. Nous ne croyons pas que la nature se soit plu ailleurs à former un ensemble où la majesté soit unie à ce point à l'âpreté, où les teints grisâtres de la montagne, la blancheur des eaux et le ton noirâtre des arbres plaisent à l'œil par tant de séductions !

Hélas ! des convenances nous forcèrent à briser le projet soudain que la passion nous avait fait concevoir pour la beauté du Valgodemard.

De Saint-Firmin à Saint-Bonnet la route longe le cours du Drac. Des savants prétendent que la vallée entière formait un lac, longtemps avant l'ère chrétienne. Les eaux parvinrent à se faire un passage à travers le *Saut du Loup ;* mais elles mirent à hâter leur délivrance un tel acharnement que le cours d'eau qui perça leur route se nomme encore aujourd'hui le *Dragon* : le *Drac*.

Dans toute la longueur de la vallée, le Drac montre les signes de sa violence. La route touche par endroits aux rochers que le torrent a entraînés de la montagne. Des champs entiers sont couverts de cailloux et des peupliers ont été brisés par l'impétuosité des eaux.

Nous arrivâmes à Saint-Bonnet. Les postillons appellent Saint-Bonnet un hameau qui en est éloigné d'un kilomètre environ. Du lieu où la diligence nous laissa nous n'apercevions que le haut clocher du bourg. Nous y entrâmes par des chemins encaissés, comme autour des grandes villes, entre des murs élevés. En vérité, c'est bien une petite ville que Saint-Bonnet ; elle a des places, des cours, de grandes fontaines. Les habitants ont un air citadin ; ils possèdent des cafés, à côté des auberges ; quelques maisons montrent un petit air aristocratique ; on y lit des journaux. Enfin, signe caractéristique, les enfants ont moins d'attentions et de politesse pour l'étranger.

Saint-Bonnet occupe une place importante dans l'histoire du Dauphiné : cette petite ville a donné le jour au fameux connétable de France : Lesdiguières.

Le village, dit la légende, brûla le jour où Lesdiguières naquit : ce présage, si le fait est vrai, était exact. Le connétable passa sa vie à guerroyer, à ruiner les villages, à tuer les hommes. D'une activité presque surhumaine, qu'il conserva jusqu'à près de quatre-vingts ans, le vaillant capitaine ne chercha du repos après ses combats qu'en livrant de nouvelles batailles. Ami passionné de la guerre, avide d'honneurs, Lesdiguières ne parut professer sur la religion des sentiments sincères qu'à son lit de mort. Tant qu'il fut vigoureux il changea de culte au gré de ses intérêts, il pilla les monastères, vola les biens d'église, et puisa l'or à toutes les sources que son audacieuse main put atteindre.

Si le succès pouvait excuser de telles rapines, accomplies avec scepticisme, sans nul doute, Lesdiguières serait un des héros les plus glorieux de notre histoire nationale. Louis XIII, en l'élevant au rang de connétable, lui rendit cet hommage qu'il « avait toujours vaincu. » Ses victoires n'avaient pas été plus perdues pour le pays que pour lui-même : il avait conquis le Dauphiné sur les armées de la Ligue du temps qu'Henri IV essayait de faire peser une domination protestante sur la France catholique ; il avait défendu cette province contre les entreprises du duc de Savoie ; il avait protégé la Provence, et remporté des victoires dans la vallée de la Maurienne sur les alliés des Espagnols !

Les petits combats que livra Lesdiguières ne méritent pas un nom dans l'histoire; cependant, l'habileté qu'ils exigèrent était telle que le connétable passe pour un grand capitaine. Il fut le plus heureux général d'Henri IV et son nom brillerait dans les annales militaires d'un incomparable éclat, s'il n'avait paru dans le siècle qui vit Turenne et Condé !

Quel que grand que soit Lesdiguières, son souvenir est presque effacé dans son pays natal : il ne reste plus de trace de sa gloire, et à peine quelque vestige de son nom. Il faut même aller loin de Saint-Bonnet pour y trouver le marbre de son tombeau. La famille de Bérenger le transporta des Diguières, qui est à côté de Saint-Bonnet, à Sasseniage près Grenoble; mais elle rendit ainsi hommage à ses goûts artistiques plus qu'à la gloire du héros dauphinois.

CHAPITRE VII

Mont Bayard. — Gap. — Ses habitants. — Le clergé des Hautes-Alpes. — M. Joubert. — Montagnes et Montagnards.

Quand on a passé le village de Saint-Bonnet, on gravit la pente adoucie du mont Bayard. Cette côte est cultivée et présente l'aspect le plus riant; plusieurs villages se cachent dans ses bosquets de bois de fayard et derrière ses vigoureux noyers; elle se termine brusquement, à l'est, dans le lointain, par la haute et rude montagne qui ferme le Champsaur. A l'ouest, touchant presque à la route que parcourt le piéton, la montagne est à peine boisée, et ravagée par les torrents !

Bientôt, après avoir traversé un maigre village, nous arrivâmes au sommet de la pente. Nous étions sur le mont Bayard; on dirait mieux : sur le plateau Bayard. L'étendue du plateau est vaste, presque sans culture, peuplée de corbeaux, quelquefois égayée par un ruisseau qui prend ses eaux dans un marécage.

Le nom de Bayard, que porte ce plateau solitaire, n'a pas toujours été le sien. Avant les temps de la gloire du chevalier sans peur et sans reproche, il s'appelait mont Saint-Guigues. Mais Bayard traversa cette étendue, s'arrêta dans une des chaumières qui bordent la route, au retour d'une de ses expéditions, où il avait toujours vaillamment défendu Dieu et le roi; il n'en fallut pas davantage à l'esprit reconnaissant et ému des habitants des Alpes pour rendre ce lieu consacré. Toute l'histoire des Alpins prouve qu'aucun peuple n'est plus capable ni plus digne qu'eux, de connaître la vraie gloire militaire, et de sentir le mérite du devoir noblement accompli!

Il faut près de deux heures pour traverser le mont Bayard. Enfin! nous dominons la ravissante vallée, au milieu de laquelle les noyers cachent la ville de Gap. La nature change d'aspect : à la prairie monotone succèdent les cultures les plus variées. Les arbres aux plus beaux feuillages, dissimulant à chaque pas les sites les plus pittoresques et les échappées les plus gracieuses, ont remplacé l'horizon sans arbres. La solitude a fait place à l'animation des paysans et des ouvriers!

L'entrée dans la ville de Gap par la route de Grenoble est vraiment gracieuse et charmante.

La route de l'Isère se joint à celle d'Embrun, au milieu d'une longue allée de hauts et superbes noyers. En face même de ce point de jonction, la pépinière de la ville, séparée de la promenade par une haie d'aubépine, montre les variétés de ses jeunes arbres et les fleurs de ses parterres. On tourne à droite, et devant soi la statue de Ladoucette se détache, dans l'éloignement de l'allée, sur le fond vert des hauts platanes des casernes. Tout à coup le couvent des Dames du Sacré-Cœur sort des arbres qui le dérobaient à la vue, et montre au ciel, à la nature, aux voyageurs, un clocher d'une singulière élégance. C'est une miniature par ses proportions, une merveille par sa légèreté. Les secousses de la cloche ne vont-elles pas l'ébranler?

Mais, hélas! l'intérieur de Gap ne répond pas à une entrée si riante. Les rues sont étroites, tortueuses, mal pavées. Il est plus difficile de marcher sur les pierres rondes, fixes, inégales et glissantes de ses rues, que de gravir les sentiers de ses montagnes. Heureusement de fréquentes places permettent au piéton de reprendre des forces. La place de la Cathédrale était belle autrefois; aujourd'hui, elle est gâtée par les travaux de maçonnerie que nécessite la reconstruction de l'église! L'Évêché ouvre ses portes sur cette place; c'est un monument commode, dont tout le charme est dans les jardins qui en dépendent. La Préfecture est plus loin et plus mal située. Plusieurs couvents, véritables monuments par leur étendue, se cachent également dans les dédales obscurs des rues étroites. Autant la campagne est souriante et belle, autant l'intérieur de la ville est désagréable!

Mais, outre le dédommagement que nous offrait la campagne, nous devions jouir du plus charmant contraste que nous pussions souhaiter. Les habitants de Gap sont bienveillants, aimables et fins. Ils n'ont pas la politesse exquise des Grenoblois, ils ont une âme plus candide, guidée par un esprit plus droit. Cette droiture, dit-on, s'en va avec les chemins de fer qui arrivent!

La classe élevée de Gap est pleine de dignité sans hauteur, de bienveillance sans familiarité: le sentiment de la valeur personnelle et sociale y est très-développé! Elle a un sens pratique remarquable. J'ose avancer qu'elle tient cette précieuse qualité de ses relations incessantes avec les autres classes, et de son habitude, hélas! trop oubliée ailleurs, de se mêler activement à l'administration de ses affaires personnelles. Les hommes se forment dans la fréquentation des hommes.

Le clergé des Hautes-Alpes mérite un hommage particulier. Des nécessités de relations me mirent en rapport avec plusieurs prêtres de Gap.

Je ne saurais trop m'en féliciter aujourd'hui. Leur distinction n'affecte pas des manières raffinées, mais se révèle dans une politesse attentive et affectueuse. Leur science est généralement grande, mais l'expression de dévouement chrétien que laissent échapper, comme malgré eux, les moindres actes de leur vie, est encore plus profonde et plus saisissante. Une atmosphère de joie semble les environner; on respire la paix au milieu d'eux!

Le clergé des Alpes a ses célébrités. Malheureusement, jusqu'ici, les montagnes qui le séparent du reste de la France, en ont gardé le secret. M. Joubert, l'un des grands vicaires du diocèse, me pardonnera si je signale en lui un écrivain remarquable, un polémiste singulièrement redoutable, qui n'a eu besoin, pour avoir raison des adversaires de sa religion et de son pays, que de sa science, de l'heureux tour de son esprit, de l'ardeur de sa foi et de la vivacité de son patriotisme. Dans un diocèse moins retiré que celui des Hautes-Alpes, l'éclat du mérite de M. Joubert, franchissant les obstacles d'une profonde humilité, l'eût désigné à un poste élevé dans la hiérarchie catholique. Mais un tel caractère, un tel prêtre, était nécessaire pour former un clergé aussi pieux, aussi instruit que l'est celui des Hautes-Alpes!

Arrivés à Gap, nous eûmes bientôt dressé notre plan. Séduits par la richesse des coteaux, enchantés par l'esprit des habitants, nous résolûmes de connaître les environs. Deux jours après, nous partions pour un village situé à 12 kilomètres de la ville, sur la route d'Orange : la Roche des Arnauds. Sur notre chemin, à côté de notre route, au bout de notre excursion, nous devions connaître et admirer dans toutes ses variétés les richesses des Alpes !

Gap est au milieu d'une vallée peu profonde. On n'en sort que par des montées, si ce n'est du côté de la Provence, et vers l'Embrunais. La côte que nous avions à gravir était longue, mais la pente est agréable, douce, ombragée et laisse admirer de temps à autre, à travers les dentelures de ses arbres, la splendeur ou la grâce de la nature. Les coteaux qui entourent Gap sont tous cultivés. Cependant l'eau qui les arrose n'est pas abondante, et dans les sécheresses fait défaut.

A mesure que nous nous élevions, au charme des prés et des champs que nous avions sous les yeux, se joignait l'agrément du plus heureux contraste. Les cimes dénudées des hautes montagnes, placées plus loin derrière les coteaux, se montraient à nos yeux et formaient le plus agréable aspect. Le tableau s'achevait peu à peu : au premier plan, les prés, les arbres et leurs fleurs ;

au dernier, les hauts et majestueux sommets.

Nous n'avions jamais été frappés de la ressemblance de deux personnes autant que nous le fûmes de la ressemblance de l'air et du type des habitants des Alpes, avec la forme et l'attitude des montagnes situées au nord de Gap, entre le Gapençais et l'Embrunais !

Cette chaîne de montagnes est formée d'une suite de pics élevés. Proportionnés dans leur hauteur, dégagés dans leur développement, fiers dans leur pose, ils ne ressemblent ni à une masse informe de rochers, ni à des élévations construites par un architecte capricieux. Les pics dressent leur tête sans fatuité, sans pédanterie, mais, dans leur solitude, on remarque une sorte d'obstination : ils paraissent avoir le sentiment de leur beauté et sont satisfaits d'appartenir aux Alpes ! Tels sont les habitants. D'un type physique presque beau, d'une démarche où se devine je ne sais quel grand air, malgré les rudes habits qu'ils portent et les grossiers travaux qu'ils entreprennent, leur pensée est fière et sans bassesse ; ils nomment leur pays avec orgueil, et sont d'un caractère susceptible et tenace.

CHAPITRE VIII

Roche des Arnauds. — M. le curé. — Un nid d'hirondelles. — La vie d'un curé. — Les trésors de l'Église.

Lorsque le bassin de Gap disparut à nos yeux, nous étions sur le territoire d'un village nommé la Frayssinouse. Le groupe central de la paroisse est formé par l'église, la cure et la maison d'école; les autres maisons sont toutes des hameaux. Plus loin, cachée derrière les arbres, adossée à la montagne, et séparée de la route par un lac marécageux, s'entrevoit une autre paroisse : Menteyer.

Bientôt nous arrivions à la Roche des Arnauds.

La Roche des Arnauds est un des plus curieux villages des Alpes. Il compte quatorze hameaux et réunit toutes les variétés de la nature : un lac, une rivière, un torrent, une plaine, un plateau, le coteau, la vallée, les cascades, les grands bois et les hautes montagnes. Pour dépeindre une telle paroisse, il nous faudrait faire quatorze tableaux, d'une couleur et d'un aspect différents. L'été répand ses ardentes chaleurs dans la plaine, lorsque le printemps fait à peine éclore les premières fleurs sur la montagne, et l'hiver a glacé les hauts sommets, tandis que dans la vallée le laboureur cueille encore les fruits de l'automne.

La Roche possède plusieurs merveilles sur ses montagnes : des grottes splendides y servent de lieu de repos aux chasseurs. Dans la plaine, le lac marécageux remplit un abîme insondable. Les habitants du pays assurent en vérité que personne n'a pu jamais en mesurer la profondeur. Sur ses bords, de larges mottes de terre mobiles servent de radeaux aux jeunes gens du pays, qui parcourent le lac sur ces fragiles soutiens ! Les eaux viennent se perdre entre des joncs élevés. C'est là que s'abattent les oisillons, les canards sauvages, les poules d'eau et les sarcelles. D'énormes sangsues habitent aussi ces eaux noirâtres couvertes d'un réseau de plantes. Le lac de la Roche offusque les yeux de celui qui vient toucher les eaux de son pied ; mais, aperçu de la route, le paysage lui emprunte un air de beauté mélancolique. Les couchers de soleil y ont de magiques reflets.

Les contrastes de la plaine avec les montagnes sont vraiment frappants, dans ce pays inconnu.

La plaine est plate, sans accidents, entièrement cultivée. Les fossés de la route qui la traverse au milieu, sont remplis d'une eau vive. Lorsque le vent balance les tiges des blés, du chanvre, et les hautes herbes de la prairie, ce mouvement embellit d'une grâce riante la beauté de la campagne et présente à l'œil un spectacle charmant.

Mais quelle profondeur ont les vallées, quelle stérilité ont certaines montagnes ! Sur l'une d'elles, très-étendue et très-élevée, qu'il faut traverser pour arriver au dernier hameau de la paroisse, pas un brin d'herbe n'interrompt la couleur monotone du caillou grisâtre, pas un arbuste ne défend la pierre qui roule, contre l'effort de la pluie !

Les maisons du village ne s'aperçoivent pas de la route : elles se cachent derrière un rideau de noyers et de peupliers. Au reste, leur ornement principal est l'affabilité et la gaieté de leurs habitants. La Roche possède une place et plusieurs fontaines. L'eau a une saveur exquise.

Nous eûmes l'honneur d'être présenté au curé de la Roche, l'abbé Joseph Roux. C'était un doux et bon vieillard à cheveux blancs. La distinction de sa personne nous charma. Suivant les antiques usages de l'hospitalité, il nous pressa au nom de notre qualité d'étrangers, de partager sa table.

La cure est une grande maison avec jardin. Dans l'intérieur de l'une des chambres du presbytère, nous aperçûmes un nid d'hirondelles. La femelle couvait au moment où nous entrâmes. Elle ne s'effraya pas. Au même instant, le mâle lui apportait sa nourriture. Chaque année, au retour de la belle saison, une hirondelle vient ainsi demander l'hospitalité au curé de la Roche : elle fait son nid au-dessus des rideaux. Si l'orage la menace pendant le jour, elle s'abrite là ; si la tempête a obligé de fermer la fenêtre pendant la nuit, l'hirondelle attend sans impatience, le matin, qu'elle lui soit rouverte. Elle est entrée dans la familiarité de M. le curé, et se sent chez elle, sous ce toit hospitalier.

— Mon Dieu, dîmes-nous à M. le curé, que votre vie doit être pénible loin de toute société lettrée !

Notre demande n'était fondée sur aucun point ; et nous dûmes à notre ignorance d'apprendre comment se passe la vie d'un curé de village dans les Alpes et ailleurs !

Le curé de village sort le plus souvent d'une modeste famille : il a appris les premiers éléments de latin dans le presbytère de sa paroisse. Rarement il entre au séminaire au-dessous de la classe de quatrième. Prêtre à vingt-quatre ans, il est le plus souvent aussitôt placé à la tête d'une paroisse. Il n'a pas eu le temps de faire un stage, sous la direction d'un supérieur, comme les prêtres des villes ont le bonheur de le faire. Tout d'un coup, il doit avoir la prudence et le tact d'un administrateur; tout d'un coup, son zèle doit être éclairé, et sa marche certaine. M. le curé de la Roche nous fit une remarque qui nous frappa : les jeunes prêtres possèdent ordinairement la maturité désirée. Leur paroisse est, il est vrai, petite par le nombre des habitants; mais en quelle réunion d'hommes, si petite soit-elle, ne se rencontrent pas les passions et les tendances mauvaises, qui forment les obstacles naturels à toute sincérité, à toute bonne volonté?

Le curé de la Roche avait été plus heureux. Jeune, il fut longtemps employé au secrétariat de l'évêché. Ordonné prêtre, il posséda un vicariat à Embrun. Bientôt, on lui avait confié une paroisse. Après en avoir dirigé plusieurs, chacune pendant six, sept ou dix ans, il avait été appelé à la Roche, la succursale la plus importante du diocèse. « Maintenant, nous disait-il avec un accent qui nous émut, je ne désire plus qu'une toute petite paroisse, dans le voisinage de mon pays natal! L'air que j'y respirerai sera meilleur pour les jours de ma vieillesse! »

Installé dans sa cure, le curé de village n'y vit pas solitaire. Lorsqu'il quitte l'enivrante société des Pères de l'Église, de ces auteurs ecclésiastiques qui exposent la science théologique avec une éloquence si souveraine, qui montrent dans leurs ouvrages toutes les séductions du talent à côté de tous les charmes du cœur, qui parlent en vérité un langage grand et pur qu'aucune autre classe d'écrivains ne connaît, lorsque le curé sort de ces chères études, il entre le plus souvent dans la société de deux ou trois enfants du village, dont l'esprit a révélé d'heureuses dispositions. Il leur enseigne les premiers éléments du français et du latin, et il les enverra au petit séminaire. Il suffit qu'un enfant soit désigné par les qualités de son âme et de son intelligence, pour que le curé devienne son instituteur volontaire, le fasse sortir des rangs modestes de sa famille, lui facilite les moyens d'être revêtu du caractère sacerdotal, et donne un jour à ses parents la noble fierté de dire : « L'un des nôtres est prêtre ! »

Après ce travail d'éducation, que d'œuvres sollicitent les soins du curé ! Après la messe du matin, il va visiter les malades. Souvent, comme à la Roche, il faut marcher plus de quatre heures par les chemins les plus pénibles et les plus dangereux ! Heureux encore si, au milieu de la nuit, à travers la neige, sous le vent glacial des montagnes, il n'a pas été appelé dans ces hameaux lointains ! Au retour de la visite des malades, le curé a le catéchisme à enseigner, les sermons à préparer, son office à réciter, les sujets de conférences cantonales à étudier. Le soir, il termine sa journée par la prière faite en commun. Est-il une vie plus occupée et plus noblement employée ?

M. le curé de la Roche voulut bien nous faire visiter lui-même son église. Elle est grande. Une belle tribune due à ses soins personnels la grandit encore. L'autel est de marbre. Les ornements sont beaux et bien tenus. « Ce sont là, nous dit M. le curé, les trésors de mon église. » Je me rappelai à ces mots — le souvenir était trop naturel ! — la pensée du diacre saint Laurent qui, plaçant les pauvres de l'Église sous les yeux des officiers de l'empereur romain, leur disait : « Nos trésors, les voilà ! » La modestie de M. le curé était trop sincère pour que, lui parlant de saint Laurent, j'établisse un rapprochement entre les trésors du saint diacre et les pauvres, les indigents, les malades de sa paroisse, qu'il soulage sinon avec son argent, hélas ! rare parfois, du moins avec un riche dévouement. Mais aujourd'hui il m'est permis de rendre en sa personne un hommage, que mérite le clergé de France tout entier. Les églises sont moins riches qu'autrefois : la Révolution les a dévastées, et l'indifférence les laisse quelquefois tomber en ruine. L'impiété n'a cependant pas affaibli l'ardeur de la charité, ni l'amour du sacrifice. Les pauvres soulagés, les malades secourus, tous les bons efforts encouragés, voilà les trésors de l'Église de France !

CHAPITRE IX

Le séjour de la Roche des Arnauds, l'amabilité gracieuse de ses habitants, les mille ressources de plaisir et d'agrément que les voyageurs y trouvent nous firent choisir ce village pour le centre de nos excursions. Le pays est pourvu d'excellentes auberges et possède plusieurs guides expérimentés. Je n'oublierai pas moi-même les bonnes heures que Borrelly, celui qui fut mon guide dans toutes mes courses, m'a fait passer soit en me montrant les beautés de la nature qu'il connaît dans tous les détails, soit en me racontant les histoires et les contes amusants dont son esprit est rempli. C'était un homme d'une carrure herculéenne, d'une franchise invincible et d'une grande serviabilité.

Nous nous trouvâmes à la Roche des Arnauds avec un jeune homme de vingt-cinq ans, venu là aussi pour parcourir les monts et les vallées. Nous nous joignîmes facilement : bientôt nous conçûmes les mêmes projets, et nous fîmes les mêmes excursions.

Nous nous adjoignîmes encore pour les grandes occasions plusieurs jeunes gens du village, qui savaient doubler les fatigues d'une journée de travail, pour consacrer le lendemain à une partie de plaisir : j'ai retenu leurs noms et les répète volontiers parce qu'ils me rappellent quelques heures délicieuses, et qu'en nommant Mondet, Rostain, Vigne, Pauchon, Dupont, Bonnardel, le maréchal, Thomé, il me semble assister encore aux jeux de paume auxquels ils nous firent participer, et entendre l'écho joyeux de leurs francs rires.

Le jeune homme, voyageur comme moi, qui comme moi s'était installé à la Roche pour quelques jours, se nommait Hyacinthe. Je n'ai pas su son nom de famille : il ne me le dit jamais et jamais je ne le lui demandai. Son visage, éclairé par le feu de beaux yeux noirs, portait l'empreinte de la mélancolie : il aimait à rire, mais tant il demeurait attaché à ses propres pensées, il ne savait ou ne pouvait provoquer le rire. Il prenait une part ardente aux mille distractions que nous nous créions, mais dans les plus grands moments de son abandon, il paraissait retenir quelque chose au fond de lui-même. Très-doux, très-affectueux, ennemi des plaisirs des villes, il aimait passionnément à regarder la pureté et la limpidité des eaux; il s'arrêtait quelquefois pour admirer le merveilleux éclat que les rayons du soleil prêtent à la goutte de rosée perlée sur la feuille des arbres; il avait une passion pour les fleurs. Le soir, au coucher du soleil, son être tout entier semblait entrer, suivant le cours des pensées qui l'avaient occupé le jour, dans la région des souvenirs heureux ou tristes. Ce fut pendant une promenade faite à cette heure, dans la grande et majestueuse route qui traverse la plaine de la Roche, que Hyacinthe me raconta un épisode de sa vie.

« Je me promenais un jour, sur le soir, à travers les allées d'un grand bois. Les teintes adoucies du ciel, l'ombre des arbres et la solitude avaient reporté mes souvenirs vers l'époque tranquille et joyeuse de mes premières années. L'état de mon âme, un peu inquiète à ce moment, firent qu'entre tous mes souvenirs, j'allais vers ceux qui me retraçaient l'affectueux amour de ma mère. Longtemps, je me complus à revoir un à un les sourires maternels que ma mémoire avait gardés. Je me rappelais qu'un jour, dans mes jeux, je m'étais blessé à la main. Je souffrais douloureusement. Ma mère survint tout à coup. Instinctivement j'approchais mon doigt malade de ses lèvres : elle y imprima en riant une tendre caresse;

j'étais guéri. « Ah! me disais-je avec amertume, les inquiétudes des grands enfants ne se guérissent point aussi aisément. » J'achevais à peine cette triste réflexion lorsqu'un franc et joyeux éclat de rire sonna à mon oreille. Je relevai la tête : et je vis, encadrée dans la douce lueur des derniers rayons du soleil couchant, une apparition enchanteresse. Je restai immobile de saisissement. Une jeune fille, plus belle encore par la pureté de son regard, la grâce naïve de son sourire, que par la régularité et la finesse de ses traits, était là, devant moi. Sa voix, que les éclats de rire m'apportaient, avait la douceur pénétrante du murmure lointain des cloches. Le corps à peine incliné et la tête penchée vers moi, l'apparition présentait à mes yeux ravis, les formes les plus pures et les plus gracieuses! La jeune fille riait heureuse de rire, et de son front montait vers moi comme le charme de la joie, de la paix, du bonheur : j'étais guéri de mon inquiétude. Mes peines s'évanouirent, je ne sentis plus en mon âme qu'une joie profonde!

« La jeune fille que je venais de rencontrer ainsi était la cousine de l'un de mes amis. Au moment où je la surpris dans le bois, elle courait gaiement avec sa sœur et plusieurs de ses compagnes. Lorsque ma première émotion eut été dissipée, je m'avançai vers elle, je la saluai; ses compagnes la rejoignirent; et ensemble nous nous rendîmes à la maison de mon ami.

« Que de fois j'y revins pendant un mois! Les jeunes filles passaient là leurs vacances. Je ne retrouverai plus ces moments. Le bonheur que j'ai goûté plus tard ne me donna plus l'ivresse de joie qui me faisait alors négliger mes travaux, et me troublait à ce point que je n'avais plus de regard pour la grandiose nature qui m'enchantait un mois auparavant.

« J'étais gai alors, continua mon compagnon de route. Une visite quotidienne me fut réclamée par mon ami. Je compris vite qu'elle était désirée par les jeunes filles. Celle qui m'avait ébloui, Mlle Marie, voulut bien me témoigner un empressement aimable. Hélas! je ne pouvais découvrir dans l'enjouement de sa gracieuse modestie si elle subissait un enchantement pareil à celui qui était devenu le maître de ma vie!

« L'un de nos amusements favoris était le jeu de cartes : nous jouions au jeu qu'on nomme la quadrette. Lorsque j'étais le partenaire de Mlle Marie, nous gagnions toujours. Si nous nous divisions, elle perdait, et moi j'étais ennuyé de gagner. A la fin, par un concert tacite, nous ne voulûmes plus jouer que d'accord, et c'est elle qui l'exigea de nos compagnons. Quelle influence je subissais! Je crus reconnaître dans cette résolution, l'expression d'un affectueux attachement, et ce sentiment vint redoubler mon enivrement et ma joie.

« Une autre fois, l'éclat du jour m'avait contraint à garantir mes yeux par des verres de couleur sombre. Mlle Marie me dit en me voyant que j'étais trop laid ; et « que du reste c'était pour voir et n'être pas vu ! » Ce reproche me fit rougir. Lorsque le soir je m'en retournai à la maison, je me répétai à moi-même ces paroles : je les étudiai. Je crus à la fin que Mlle Marie avait deviné mon affection et que dans sa bonté elle avait voulu y compatir.

« Cependant tous ces témoignages, — étaient-ce des témoignages ? — ne calmaient point mon incertitude, ils l'augmentaient. A mesure que je connaissais mieux Mlle Marie, elle m'apparaissait plus pure et plus belle. Sa modestie, son extrême simplicité, sa piété me la rendaient, s'il était possible, plus charmante qu'elle ne l'avait été le jour où je la rencontrai pour la première fois. Dieu m'est témoin que l'innocence de ses paroles et de son être faisait régner autour de moi un calme si parfait et si doux, que souvent je demandais au ciel de me conserver toute la vie un tel bonheur dans une telle paix !

« Je fus un jour tiré de ce rêve par un événement que je crus, sot que j'étais ! décisif. J'avais souvent porté envie à la faveur qu'avait mon ami de donner le bras à sa cousine. Je me souviens, ajouta Hyacinthe en riant, que je fus un jour contrarié de n'avoir pas reçu un fort coup de poing que Mlle Marie lui avait donné dans un mouvement d'impatience! Dans les jeux, les mains de Mlle Marie, si libres quand elles se mouvaient du côté opposé à l'endroit où j'étais, prenaient une attitude respectueuse quand elles s'approchaient de moi. Cependant, un soir, j'étais à côté de Mlle Marie, et tout à coup, je sentis la douceur de sa main. Quelle joie! la pauvre jeune fille avait failli tomber, et dans la précipitation de ses mouvements elle s'était légèrement appuyée sur mon bras. Ce jour-là je devins presque fou de bonheur.

« Une telle incertitude ne pouvait se prolonger. D'ailleurs les vacances touchaient à leur fin. Ne calculant pas le danger où mon imprudence pouvait me conduire, j'avais résolu de mieux connaître les sentiments de Mlle Marie. Vous le dirai-je, monsieur? ma résolution si ferme lorsque j'étais dans ma chambre, si hardie encore lorsque je parcourais le chemin qui me conduisait à la demeure de mon ami, ma résolution s'évanouissait sous le regard si calme et si pur de Mlle Marie. Je crus une fois avoir vaincu ma timidité : j'allais ouvrir les lèvres pour hasarder la question qui m'aurait conduit au but auquel j'aspirais, lorsque une vive rougeur me monta à la tête, ma voix se heurt dans mon gosier, je fis une grimace. Mlle Marie crut que je me trouvais mal. Hélas! elle appela les gens de la maison et je dus inventer je ne sais quel saisissement qui m'avait donné le vertige.

« Le mois finit bientôt, trop tôt. Mlle Marie partit; je lui dis au revoir. J'espérais que le sentiment de la séparation me donnerait la force de lui tendre la main. Je n'eus pas cette force; et je quittai celle qui depuis un mois était l'idéal de mon âme, avec la gaucherie d'un homme qui en sortant d'une maison heurte les chaises et enfonce les portes!

« Un mois après, la conscription militaire m'avait fait soldat. »

CHAPITRE X

Saint-Étienne en Devoluy. — Une foire à Agnières. — Une chasse. — La veillée.

J'en étais un jour à songer à l'itinéraire qu'il me fallait tracer pour continuer mon voyage à travers les Alpes, ces Alpes où je me sentais revivre, lorsque l'un de ces excellents habitants de la Roche me dit en riant :

— Voudriez-vous, monsieur, venir visiter le Devoluy? c'est demain foire à Agnières : vous pourrez voir ainsi les hommes et les choses.

J'acceptai, on le devine, sans hésitation, et je priai mon obligeant interlocuteur de vouloir me dire l'heure de la journée à laquelle nous partirions le lendemain.

— Ah! me répondit mon brave bomme, d'un air où le défi se mêlait à l'incrédulité, nous partons demain matin à une heure!... Êtes-vous prêt, monsieur?

Le ton sur lequel cette proposition m'était faite, avait sur-le-champ dissipé les objections qu'une heure aussi matinale pouvait élever, et je répondis avec fierté : — Je serai prêt.

— Alors, reprit mon homme, je vous emmène avec moi. Nous coucherons dans une maison située au milieu de la montagne, et à une heure sonnante, les mulets seront prêts.

En vérité, j'aurais regretté de n'avoir point accepté l'offre qui m'avait été faite. Celui qui fut mon guide, était un excellent homme, d'un esprit fin, sage et sagace : il raillait avec esprit, et montrait au « monsieur parisien, » comme il m'appelait, que pour n'avoir jamais vu les boulevards, il possédait, autant que le boulevardier, l'art de s'amuser des mots et de découvrir, entre les choses les moins légères, des rapports spirituels. Je lui dus surtout de vivre un soir de la vie de la montagne.

Lorsque j'arrivai à la maison dans laquelle nous devions dormir jusqu'à une heure du matin, il était presque nuit. Nous avions péniblement gravi la montagne à côté d'un torrent à moitié desséché ; nous avions fait fuir devant nous, le long des haies, les merles et les mésanges ; nous nous étions arrêtés dans les hameaux échelonnés sur notre sentier ; nous y avions bu, aux dernières ombres des grands pommiers, et les pieds à demi embarrassés dans une litière de lavande et de paille, un verre d'un petit vin rouge clairet, pétillant; et j'avais pu voir à travers champs des femmes et des hommes, interrompre leurs travaux au son lointain de la cloche, se découvrir et réciter l'Angelus. Au moment où je passais le seuil de la maison de l'hôte qui allait me conduire au Devoluy, il me sembla qu'un élément de la rusticité, de la gravité et de la simplicité des paysans m'avait pénétré.

La fille de la maison, d'abord un peu surprise à l'arrivée d'un étranger, se remit bientôt, et alors elle s'empressa autour de nous. Son père lui commanda de casser des œufs, d'apporter du jambon, de tirer du « bon vin » et lui dit que je l'accompagnais en Devoluy.

— Voilà votre lit, me dit-il alors en me montrant un lit dans la grande salle où j'étais, salle qui servait à la fois, de cuisine, de salle à manger, de salle de réception et de chambre à coucher.

Ce lit, placé tout au coin de la pièce, se rencontre dans les Alpes avec les mêmes ornements dans toutes les maisons où j'ai pénétré : il était formé de quatre longs morceaux de bois qui, fixés aux quatre coins, reliaient entre elles les planches des quatre côtés. Devant la face du lit qui regardait la salle, on voyait une haute caisse d'une longueur égale à celle du lit, et le tout était enveloppé de larges rideaux d'une couleur éclatante. A peine sur le milieu, une faible ouverture laissait-elle entrevoir, dans une lumière mystérieuse, les couvertures rouges, vertes et jaunes, qui sont le grand luxe des maisons des Alpes.

Tout fut prêt tout de suite. Pendant que le feu s'allumait, on changeait les draps du lit; et comme l'opération n'était pas terminée que déjà la graisse pétillait dans la poële, je demandai la permission de mettre la main aux œufs.

Que puis-je encore faire ? où sont les assiettes, où les couverts, où le fromage, où le vin, où le pain ? Tout, excepté le vin, était dans une partie de la salle qui devait être, après le dîner, ma chambre à coucher. Le pain était dans la grande caisse appelée en patois « la maït », qui était notre table; le fromage occupait une place dans l'épaisseur d'un mur entre un vitrage au dedans, et un mince grillage au dehors; les assiettes et les couverts étaient à côté même de la cheminée sous le manteau de laquelle je m'étais assis pour commencer l'omelette.

— Allons ! à table et prenons des forces, me dit mon excellent hôte.

A ce moment, les « valets » de la maison entrèrent dans la salle et prirent place à côté de leur maître; la fille servit, puis s'assit, et nous commençâmes.

Quel repas exquis! que tout était bon! que l'eau était bonne! que le vin était chaud, que les œufs avaient un goût délicieux! Oh! vraiment, habitants des montagnes, si chaque jour, votre repas est si savoureux et si fortifiant, vous goûtez à table plus de joie que les habitants des villes!

Le repas fut très-animé : je questionnais; on me questionnait. Maître et valets, hôte et étranger, notre conversation engagée avec familiarité, entretenue par les éclats de rire que chacun de nous s'efforçait de provoquer, aurait duré bien avant dans la nuit, si l'air de défi de mon hôte ne fût revenu tout à coup devant mes yeux : — Nous partons, m'avait-il dit, demain matin à une heure.

En un instant chacun eut disparu, on me laissa un moment la lampe, et à peine m'étais-je enfoncé dans la grande paillasse de feuilles de de fayard, que le plus profond silence régnait autour de moi. J'aperçus encore un instant la vaste salle à manger, à la lueur mourante des dernières branches de bois qui avaient fait cuire l'omelette, et je m'endormis, demandant à Dieu de faire que, pour le lendemain, une heure du matin sonnât à l'heure où cinq heures sonnent chaque jour.

Il me sembla que je venais à peine de terminer cette fervente prière lorsque je fus réveillé par mon hôte, qui dirigeait sur mes yeux la lumière d'une lanterne d'écurie : — C'est une heure, me dit-il, les mulets nous attendent !

Je sautai du lit. Mon guide me recommanda de me couvrir le plus possible, disant que l'air de la nuit était frais et que peut-être nous sentirions la bise aux cols des deux montagnes qu'il nous fallait traverser. Une minute après, j'étais à cheval sur un mulet. Le « varlet » marchait en avant, j'occupais le milieu, et le maître venait derrière nous.

Les premiers pas furent presque silencieux : l'air de la nuit n'avait pas encore dissipé l'engourdissement du sommeil ; mais lorsque nous eûmes dépassé la partie boisée de la montagne, que nous eûmes atteint la portion où nul arbre ne vient et nulle herbe ne pousse, et que nous n'entendîmes plus que le son des clochettes que remuaient les moutons campés à la belle étoile, alors notre langue se délia et nous parlâmes. Nous parlâmes de tout. Mon excellent guide et son varlet me racontaient alternativement les morceaux d'histoire locale qu'ils savaient : mais leur curiosité se portait toujours vers les grandes villes, vers Paris. Je leur parlais alors de ce que je savais, de ce que j'avais vu ; mais par un mouvement inverse, je m'éloignais toujours de Paris, et je revenais sans cesse au spectacle des montagnes. Les montagnes, les Alpes ! les habitants de la campagne n'ont-ils pas sous les yeux des magnificences incomparables ? leur vallée, leur bois, leurs champs fleuris, leurs vergers ne leur offrent-ils pas à chaque moment de l'année une variété d'aspects d'une saisissante beauté ? Le printemps, l'été, l'automne et l'hiver, ne leur apportent-ils pas sans cesse des spectacles nouveaux ? ne présentent-ils pas à leurs yeux, ne donnent-ils pas à leur corps des surprises et des joies que jamais les villes ne pourront donner ? Dans nos villes, tout est toujours semblable : les longues rues, les hautes maisons ne changent jamais de physionomie, et n'offrent jamais de coup d'œil agréable ; une lumière avare y alterne sans cesse avec d'épaisses ombres. Est-ce le gaz, sont-ce les belles devantures des magasins, sont-ce les richesses de la sculpture répandues sur les grandes façades, est-ce l'encombrement des voitures, qui pourront jamais remplacer l'obscurité paisible, et le rude aspect des villages ? Et de là, si l'on regarde à la condition des hommes, combien la campagne paraît encore plus désirable ! Tandis que nos rues sont embarrassées de mendiants, de domestiques, et de tout cet ensemble d'hommes qui semblent à leurs livrées avoir perdu leur liberté pour acquérir le droit de vivre, l'indigence est absente de nos montagnes, les serviteurs portent le même vêtement que les maîtres, les maîtres prennent part aux mêmes travaux, l'air circule librement autour de toutes les têtes, le sentiment de l'égalité qui naît de la possibilité que chacun a d'avoir les mêmes avantages et la certitude que chacun jouit des mêmes droits, éclairent tous les fronts. L'air de la campagne, c'est l'air pur de la liberté.

Comme nous le sentions bien, à ce moment où seuls, sous le vif et lointain éclat des étoiles, nous gravissions les montagnes ! Certes, ce n'était là qu'une minute de notre vie, minute fugitive, mais ce sentiment de pleine, d'absolue liberté, que nous goûtions un instant et que nous allions perdre, semblait nous grandir, nous fortifier, nous transporter dans une autre race d'hommes plus fière, plus noble, et faite pour de meilleures destinées.

Il était trois heures et demie du matin lorsque nous atteignîmes le col de la première montagne. La clarté de l'aube, cette clarté d'un ton d'or si pur, si paisible et si vigoureux à la fois, se levait à l'orient et envoyait ses premières lueurs aux crêtes des sommets. Tout dormait encore. De ce moment la route devint plus facile, bientôt nous foulâmes à nos pieds un peu de gazon : les rouges-gorges, les culs-blancs sautillaient et fuyaient devant nous en nous jetant leur petit cri. Un moment après, lorsque le soleil n'avait pas encore paru mais avait déjà répandu sa clarté sur la montagne, nous nous engagions dans le sentier d'un grand bois de fayards, de hêtres et de sapins. La nature s'éveillait, les feuilles faisaient briller au soleil les perles que leur avait données la rosée, les fleurs qui couvraient la terre paraissaient dans tout l'éclat de leur couleur, les abeilles et les taons bourdonnaient, les merles traversaient notre route en sifflant, les corbeaux croassaient au-dessus de nos têtes, et de temps à autre, les eaux d'une source prêtaient leur murmure à ce paisible concert. Bientôt nous entendîmes, en nous rapprochant du fond de la vallée, le son des clochettes d'un troupeau qu'un jeune pâtre conduisait. Vraiment, quand nous arrivâmes à cinq heures à notre première station, j'étais émerveillé de l'aspect si joyeux que m'avait offert la montagne que je traversais et du spectacle grandiose que nous avait donné la montagne encore enveloppée dans l'ombre du matin, que j'avais aperçue de l'autre côté de la vallée.

La maison où nous arrêtâmes s'appelle la Grangette : elle est le reste d'un ancien couvent de religieuses. Les salles sont voûtées, les murs ont une énorme épaisseur. A côté de l'habitation, se voit une chapelle de construction moderne. Ce trop modeste oratoire est dédié à saint Pierre et devient toutes les années, le jour de la fête du saint, le rendez-vous d'un pèlerinage pour les gens de Saint-Etienne en Devoluy. L'hospitalité d'une demi-heure que nous reçûmes en arrivant à cette extrémité du monde fut touchante ; le maître et la maîtresse de la maison s'empressèrent autour de nous : on nous fit du feu, on voulut nous faire reposer, on nous offrit de tuer une poule, de nous donner à manger des fromages frais. C'était une cordialité franche et désintéressée. Nous ne pouvions y répondre, et nous reprîmes notre route.

Etait-ce bien une route que ce sentier tracé à travers des blocs de pierre et des rochers ? Je cherchais la terre comme on cherche ailleurs les pierres. Le mulet montait lentement, péniblement, le fer de son sabot résonnait en s'appuyant sur le sol comme un marteau sur un rocher.

Nous avions à peine gravi la moitié de la montée, que mon excellent guide me fit apercevoir au sommet où nous devions arriver, une faible nuée. « C'est la bise, me dit-il : il faudra serrer son chapeau et boutonner son habit. » Un moment après la petite nuée était devenue un gros nuage que le vent déchirait avec violence. Nous entrâmes dans la région du vent. Le soleil disparut à nos yeux. Le froid se fit sentir. Nous montions toujours, le vent redoublait. Nous parvenions à ce moment à un endroit du sentier encombré de pierres et large d'une largeur d'un mètre, touchant à notre gauche à une roche d'une hauteur inaccessible, et borné à notre droite, du côté où nous poussait le vent, par un précipice vertical d'une effroyable profondeur. Le passage était dangereux. Nous fîmes arrêter nos mulets, nous descendîmes de cheval, et, prenant la queue de l'animal, nous continuâmes notre route, la tête basse pour lutter contre la bise, le corps penché vers le rocher pour résister au vertige de l'abîme et aux coups du vent qui sifflait à nos oreilles. Nous marchâmes une heure au milieu de ce danger et dans cette posture. Nous nous engageâmes alors dans un chemin creusé au fond de rochers d'où nous n'apercevions que les pierres de la route et le nuage qui nous enveloppait. Quand nous eûmes traversé le col, le temps était pluvieux et froid : nous touchions au sol du Devoluy ! Il nous fallait encore une heure avant d'arriver à Saint-Etienne.

L'aspect du Devoluy est rude, sombre par endroit, quelquefois majestueux, et le plus souvent désolé. Le canton est tout entier ramassé sur une haute terre, coupée de vallons ravagés par les torrents, et dominée de chaque côté par les chaînes de montagne les plus âpres que les Alpes françaises connaissent.

A droite de notre route, on aurait dit que des géants avaient élevé là, pour protéger le Devoluy, une haute et fière muraille de rochers. Du chemin que nous poursuivions, jusqu'au sommet désolé de cette muraille presque verticale, on apercevait à peine quelques arbres et quelques plaques de gazon.

A notre gauche, le sol paraissait cultivé, mais tous les champs — les champs de tous les villages du Devoluy présentent cet aspect — étaient couverts, à une distance de trois ou quatre mètres chacun, de tas de pierres grises. Au loin et dominés par la tête sauvage du mont Oroux, quelques bois de sapins nous montraient leurs noires et ténébreuses perspectives.

A mesure que nous approchions de l'église, l'aspect ne changeait pas; nous aperçûmes quelques maisons et quelques habitants. Si le soleil ne fût à ce moment venu donner au paysage un peu de gaieté et prouver qu'il animait aussi la terre où nous étions, je n'aurais pu croire que les hommes et les femmes qui, riants et rosés, se rendaient à la foire, n'étaient pas comme moi, étrangers au Devoluy.

Après avoir passé l'église et tandis que nous suivions enfin une route plate et carrossable, mon guide me montra à quelques pas devant moi un petit pont. Ce petit pont ne me présentait à l'œil rien qui pût surprendre : les deux rives qu'il unissait se touchaient presque, de chaque côté la terre était couverte de prairies. — Arrêtez-vous, me dit mon guide quand nous arrivâmes à l'entrée du passage, et regardez au-dessous des garde-fous. — Je regardais et je vis un effrayant abîme, resserré dans toute sa profondeur vertigineuse entre un espace de deux mètres de largeur. A peine le reflet de l'eau arrivait-il jusqu'à notre regard; nous ne pouvions entendre le bruit du torrent; la végétation s'arrêtait à mi-hauteur, à l'endroit où le soleil pouvait parvenir. Nous jetâmes une pierre et nous ne l'entendîmes pas tomber. C'était comme une tranchée sans fond creusée au milieu de la vallée. Cependant quelques mètres en amont nous apercevions le lit du torrent, et nous le retrouvâmes après avoir descendu cent mètres en aval.

De là jusqu'à Agnières où devait se tenir la foire ce n'était que descente et montée. Les chemins sont bien tenus; nous revîmes un champ de seigle, des prairies, des troupeaux, des hommes. Nous fîmes caravane et caravane joyeuse. Mon si obligeant guide me présentait à toutes ses connaissances, et toutes ses connaissances s'étonnaient que quelqu'un eût voulu venir visiter un si pauvre pays et une contrée si montagneuse et si désolée que le Devoluy. Pour moi je leur répondais :

— Votre pays est bien l'un des plus curieux des Alpes. Si vous aviez des auberges bien tenues, certainement l'affluence des voyageurs qui demandent de grandioses et d'austères paysages, qui aiment à contempler toutes les bizarreries d'une terre un peu sauvage et qui cherchent les curieux aspects des montagnes des Alpes, viendraient vous enrichir !

Nous nous arrêtâmes au sommet d'une élévation d'où l'on domine la partie nord du Devoluy. Nous n'étions pas encore au rendez-vous de la foire. Après nous être un instant reposés, nous prîmes à pied le chemin qui nous conduisit à Agnières.

Agnières est au fond d'une large vallée, la plus large et la plus cultivée du Devoluy. Cependant le sol, dans ce lieu pourtant favorisé, est encore si maigre qu'on aperçoit rarement des bouquets d'arbres; à peine quelques champs de seigle, et, dans les endroits abrités, quelques hectares de blé; le reste est couvert d'une pauvre prairie. Le village est composé de plusieurs maisons placées autour du clocher. C'est là devant le clocher que se tenait la foire.

Une foule immense s'y était rendue de tous les points du Devoluy et des villages environnants, de Corps et de Veynes. Ce qui me frappa d'abord ce fut l'absence de charlatans en costumes et d'exhibitions « phénoménales », « extraordinaires » où l'on montrât, comme à Paris, le « corps de Marat », ou « une vache à cinq pattes », ou une « femme géante ou la femme à barbe. » Nulle de ces tromperies organisées ne florissait sur le champ de foire d'Agnières. On y vendait : on y vendait des mulets, des bœufs, des moutons, des chèvres, des casquettes, des chapeaux et des couteaux, et la vente se faisait avec des témoignages d'une parfaite familiarité. Je devais être le seul étranger au milieu de cette foule : tous avaient l'air de se connaître. Chacun, après avoir marchandé, se demandait des nouvelles de la famille. « Celui-ci est mort, » entendais-je de tous côté ; « celui-là a eu un enfant, » « l'un a marié sa fille, » « l'autre a quitté le pays, » « tel varlet a émigré, » « tel soldat est revenu auprès de sa famille, » : toutes les nouvelles qui composent l'existence étaient données ce jour-là, mais celles-là seules étaient données. Le jour de foire me parut être un grand jour de faire part.

Les relations gagnent beaucoup à ces échanges de renseignements. La plus parfaite cordialité semblait régner : le soir seulement, le vin ayant échauffé quelques têtes, la tranquillité fut un peu troublée. A ce moment-là nous quittâmes Agnières : on nous attendait à la chaumière, où le matin nous avions fait reposer nos mulets. Mon guide quitta ses amis, et l'on se dit au revoir à la foire de l'an prochain !

Les maisons du Devoluy sont plus basses que celles de la Roche et de tous les pays de plaine : elles sont aussi plus sombres : les murailles sont plus épaisses ; les portes et les fenêtres plus étroites. Comment, sans ces précautions, dans ces localités où le bois est rare, pourrait-on se défendre contre les rigueurs du froid ? Tout l'agencement de l'habitation a un air de précaution contre l'hiver. Cependant, durant la froide saison, les habitants de Devoluy restent peu dans leurs appartements particuliers : ils hivernent dans l'écurie. La douce chaleur des troupeaux qui remplit l'étable, pénètre toutes les parties du corps, mieux que le feu ne pourrait le faire. Le fumier remplace les moelleux tapis, et une triple garniture de feuilles de papier huilée ou des bottes de paille servent de tentures aux fenêtres et interceptent tout à fait le froid. La veillée dure ainsi de longues heures : chacun à son tour apporte la faible lampe qui éclaire l'assemblée ; à son obscure lumière, les femmes filent, les hommes cassent des noix ou devisent, ou bien l'enfant qui sait le mieux lire est appelé à l'honneur de faire une lecture à haute voix. Dans quelques écuries on ne se sépare pas avant d'avoir fait la prière en commun et récité le chapelet. Ainsi se transmettent les habitudes pieuses et les traditions locales; ainsi, les enfants des pays montagneux tiennent tous à savoir lire !

Mais les rigueurs de l'hiver étaient loin de nous quand nous arrivâmes à notre chaumière. Elle était pleine de gens : les connaissances, les parents, les amis s'y étaient donnés rendez-vous « et en buvaient une » avant de se séparer pour longtemps. Mon guide sembla deviner que je préférerais à cette réunion un peu tumultueuse, la vue de la campagne : il me fit offrir un fusil et je sortis.

Dieu ! quelle abondance de cailles ! Derrière la grange même de la maison, alors que j'avais à peine songé à armer le fusil, une bande de cailles s'envola à quatre pas devant moi; je marchais encore : d'autres cailles partirent. On s'en étonnera peut-être, j'affirme cependant que l'abondance des cailles en Devoluy dépasse toutes les prévisions et toutes les suppositions que j'ai entendu faire par de vrais chasseurs. Dans ce pays, on peut le dire, les cailles tombent du ciel : il ne manque qu'un peu de bonne volonté pour les faire rôtir.

Bientôt le soleil se coucha : un nuage de bise passa sur les monts désolés qui forment l'étroit horizon du Devoluy. Nous étions au mois d'août : je crus sentir l'âpreté du vent de décembre.

Le pain qu'on mange en Devoluy est du pain noir de seigle : il faut y être habitué pour consentir à en manger et pour le regarder sans répugnance. C'était vraiment plaisir de voir l'appétit avec lequel mes hôtes le savouraient, le dévoraient. Leur mine rouge et puissante m'excitait à les imiter, comme un médecin qui pour faire prendre une potion montrerait l'état de parfaite et d'admirable santé que cette potion a produit. Le laitage, la chair de mouton et les volailles sont exquis. Si jamais, et le temps ne peut tarder, la curiosité des voyageurs se porte vers nos Alpes si belles, si grandioses, si pittoresques, on se rendra en Devoluy pour jouir des grands et austères paysages, et pour goûter la nourriture si savoureuse qui donne à nos compatriotes une santé inébranlable et les conduit à un âge avancé.

Nous revînmes à la Roche par un autre chemin que celui qui nous avait amenés. Nous longeâmes, à la hauteur de la maison qui nous avait abrité la nuit, toute la montagne. La côte est caillouteuse, aride, dénudée. La vallée d'Agnières était à nos pieds bien loin et bien bas. Nous passâmes au-dessous des gigantesques rochers du sommet du mont Oroux. Bientôt, nous nous engageâmes dans une étroite, stérile et sombre vallée. Le village de la Cluse occupe le point dangereux, où les eaux de deux torrents impétueux se réunissent. L'aspect est attristant : la nature ne donne nul signe de vie, et ose à peine montrer de l'autre côté des montagnes d'Oroux, une forêt de noirs sapins. A ce moment, la route longe le torrent, tandis qu'à gauche d'énormes blocs de rochers enfoncés dans les cailloux surplombent nos têtes. Les jours d'orage le tonnerre doit être terrible. Souvent, me disait mon guide, les blocs de rochers quittent la montagne et emportent le chemin. Tout à coup le chemin nous parut barré : de hauts rochers semblent se réunir des deux côtés de la vallée au-dessus du torrent. Mais les eaux se sont creusé un passage, et les ingénieurs ont percé une route. Les rochers ne servent plus que d'arc de triomphe au torrent qui a rongé le roc et au chemin qui s'est tracé une voie.

CHAPITRE XI

Charance. — Jeu du criquet. — Mme Pauline.

A notre retour du Devoluy, une agréable surprise m'attendait à la Roche. L'un des écrivains les plus aimables et les plus distingués de la presse de province, M. Henri Olive, rédacteur de la *Gazette du Midi*, était arrivé depuis peu aux environs de Gap. Par une attention dont le lecteur me permettra de le remercier ici, il m'avait prié de venir passer la journée à Charance, chez M. Amat, conseiller général. Charance est le plus beau point de vue des environs de Gap et la société que j'y devais trouver était une société spirituelle et charmante. Je n'hésitai pas.

La journée commença par une promenade sous les platanes. Nous visitâmes les bosquets d'arbres et de fleurs qui dominent la résidence : nous descendîmes à l'étang aux eaux limpides qui borne la terrasse ; nous remontâmes à travers un bois de fayards et de sapins, et à chacun de nos pas nous pûmes contempler la vallée la plus large, la plus grandiose, la plus majestueuse qu'il m'eût été donné de voir : la vallée qui part de Gap et monte à Embrun. Quelle merveilleuse proportion dans la hauteur des montagnes, dans la largeur de la plaine! quelle étonnante variété de ton dans les mille cultures qui couvrent les champs et les vastes coteaux! A la hauteur d'où nous apercevions ce spectacle, tout avait grand air, tout était grand, tout paraissait libre, tout était beau; jusqu'à ces flancs dénudés des montagnes qui étaient à notre gauche, jusqu'à ces gigantesques rochers qu'à l'extrémité du plus lointain horizon, l'espace couvrait de je ne sais quelle douce et mystérieuse lumière. A nos pieds, c'était Gap avec ses vignobles et ses prairies, en face c'était Rambeau avec ses bois, plus loin c'était Romette derrière ses grands noyers, plus loin encore c'était la plaine de Chorges, puis plus loin, au loin et au large, c'était comme la paix, la solitude, le désert, l'infini dominé par la majesté!

M. Amat est un érudit charmant; M. Henri Olive un homme d'esprit, et les dames qui étaient l'ornement de notre réunion possédaient la délicate culture d'esprit qu'ont à un rare degré les dames dauphinoises. La conversation vive, alerte, gaie, légère même, quand elle devenait grave, séduisait l'esprit autant que le spectacle enchantait les yeux. « Allez à Charance si vous le pouvez, dirais-je à tous les voyageurs, vous connaîtrez alors le charme des Alpes et des Alpins. »

A la suite du dîner, notre excellent hôte M. Amat nous conduisit dans son cabinet de travail, dans sa bibliothèque. Après les trésors de la bibliothèque de Grenoble, nul ne possède sur l'histoire locale autant de livres rares et curieux. M. Amat a réuni, pendant plus de vingt ans, tous les documents qui gardent une trace des anciennes libertés du Dauphiné, toutes les chartes qui témoignent de la valeur morale, de l'énergie, du dégoût du despotisme, de la part des habitants des Hautes-Alpes. Quels beaux matériaux nous vîmes là ! ils sont là tous préparés pour la main d'un architecte : le monument de liberté auquel ils ont servi dans ce qu'on appelle dédaigneusement l'ancien régime, étonnerait, s'il était relevé — nous voulons espérer qu'il le sera — étonnerait les esprits de notre époque même les plus portés vers l'indépendance. Ah ! si chacun de nous, dans chacune de nos provinces, nous fouillions scrupuleusement les archives du pays, comme nous vengerions ce glorieux passé de notre France, des attaques de la calomnie et des mépris de l'ignorance !

Je n'oublierai jamais qu'au sortir de l'enthousiasme que j'avais ressenti à la vue des vieilles chartes du Dauphiné, j'entrais dans un jeu de criquet. Si l'esprit et la vivacité des joueurs ne se fussent exercés dans l'intervalle du jeu, en vérité, je ne pourrais désormais me réconcilier avec ce jeu tout anglais, froid, brumeux, silencieux. Les jeux conviennent particulièrement aux mœurs, aux habitudes, au pays des hommes qui les inventent. Dans les pays de montagnes on joue à la paume, dans les pays du Midi on joue aux boules, dans le nord les boules se changent en quilles, en Angleterre le jeu de boules et de quilles se transforme en criquet. Le criquet demande la monotonie, la roideur, l'adresse; pas d'exercices violents. On peut avoir le spleen et jouer au criquet. Nous autres à Charance nous étions gais et nous y jouions !

Cependant la froideur du jeu ne nous atteignit pas. Notre journée s'acheva dans la gaieté et dans le rire.

Dans mon voyage de Corps à Gap, j'avais lié connaissance avec une dame d'un âge respectable. Sa tête, d'une régularité frappante, portait une couronne de beaux cheveux noirs, argentés çà et là; son front haut et fuyant sur les côtés dans un contour gracieux portait l'empreinte de quelque grandeur, la grandeur du malheur peut-être ! Ses yeux noirs brillaient au fond de larges orbites d'un feu doux qui parfois jetait des étincelles. Son nez, saillant, d'une ligne droite et ferme, rappelait celui des plus belles statues de l'art grec. L'arc de ses lèvres fortes et colorées exprimait, dans les grâces de ses contours, la bonté du cœur, la fermeté de la volonté et les souplesses de son esprit. La figure enfin formait un ensemble harmonieux, où je ne sais quoi imprimait à la physionomie un caractère à la fois viril et féminin, fort et gracieux !

J'eus la satisfaction de revoir à Gap ce compagnon de ma route, pendant un séjour que je dus faire dans cette ville le lendemain de ma journée de Charance.

Une sorte d'attrait m'attirait vers elle; j'eus bientôt découvert un hasard qui me permit de lui offrir mon hommage. La conversation s'engagea et devint promptement facile, comme il arrive entre voyageurs absents de leurs foyers, destinés à se voir un seul jour et préparés à s'oublier le lendemain dans des relations nouvelles. Les agréments des Alpes furent le premier objet de nos entretiens. Mme Pauline, nous l'appellerons ainsi, terminait un voyage que le besoin de distraction lui avait fait entreprendre, elle devait finir le soir même la visite du Dauphiné, et partir le lendemain pour la Provence. Après avoir assez parlé des pays charmants où la distraction nous exilait, nous vînmes naturellement à vanter la ville que nous habitions. Mme Pauline arrivait du Midi. Mais je ne sais quelle ombre passa sur son visage lorsque, dans le cours de la conversation, j'eus l'indiscrétion de l'interroger sur sa famille. Elle parut un instant oppressée par de tristes souvenirs. Elle jeta sur moi comme un regard de reproche. Nous changeâmes de conversation, et je lui demandai la faveur de l'accompagner dans sa promenade, le long de la route d'Embrun.

Cette promenade est l'un des plus charmants endroits de Gap. Les noyers élèvent au-dessus de la route un dôme plein d'ombre et de fraîcheur. Quand le soleil commence à quitter l'horizon, la route de verdure prend un air mystérieux et pieux.

Notre promenade dura tard. Ce n'étaient pas les enchantements de la route qui nous retenaient!

Nos entretiens avec Mme Pauline étaient devenus de plus en plus animés; elle sentait comme un regret d'avoir gardé le silence et détourné la conversation, au moment où j'avais eu la malencontreuse idée de lui rappeler le souvenir de sa famille. De moment en moment, je le remarquais, elle prononçait d'elle-même quelques mots qui semblaient vouloir, par leur spontanéité, refouler l'idée que peut-être je m'étais faite, — comment me la serais-je faite? — qu'elle avait quelque chose à cacher. Tout à coup, et sans que mes paroles, je dois le dire, eussent amené une pareille résolution, Mme Pauline me dit : « Vous croyez, Monsieur, que j'ai quelque arrière-pensée et que ma famille a fait le tourment de ma vie. Voici ma courte histoire ! »

Je m'inclinai et je prêtai l'oreille.

« Mon père, me dit Mme Pauline, chez qui se laissait deviner le regret de commencer une confidence, mon père possédait, sur les limites de la Provence, de vastes et beaux domaines. Je passai ma jeunesse auprès de lui, recevant à peine un commencement d'instruction, apprenant à me réjouir de la sérénité d'un beau jour, de l'heureux état des récoltes, plus que du charme des littérateurs. A dix-huit ans, j'étais une femme instruite du gouvernement d'une maison. Je me mariai à ce moment-là. Faut-il vous le dire, monsieur, et pourquoi ne le dirais-je point ? je fis un mariage d'inclination. La fortune de mon père m'attirait la main de riches propriétaires ; je les refusai et je préférai un mari pauvre ; je l'avais choisi. Mes parents résistèrent quelque temps à mon désir ; ils cédèrent à ma volonté.

« Ce fut à partir de ce moment que commença pour moi une vie tourmentée, inquiète et dure. A qui ne sourient pas les premières années de mariage ? Mais de mauvaises entreprises vinrent nous attrister d'abord, nous réduire bientôt à la pauvreté. Dieu nous avait donné trois enfants. Le besoin doubla nos forces. Nous nous mîmes courageusement à l'œuvre. Mon mari nous aimait tous avec tendresse. Il ne fut pas moins âpre au travail; il dompta pour nous l'insouciante négligence de son caractère. Il se traça une méthode, et, sans faiblir, il essaya de relever pièce par pièce l'édifice de notre maison. Nous touchions déjà à un état voisin de la richesse, et nous nous promettions de reprendre bientôt, avec nos enfants, le cours si doux de nos premières années. Hélas! mon mari mourut au moment où le rêve allait devenir la réalité. »

Mme Pauline semblait, en prononçant ces paroles, revoir devant elle, dans un lointain que mes yeux n'apercevaient point, un spectacle qui l'enchantait. Tout à coup elle interrompit sa rêverie, et, toute surprise de me communiquer, à moi qu'elle ne connaissait pas, les émotions qu'elle ressentait, elle reprit non sans hésitation :

« La mort de mon mari renversa comme un coup de foudre toutes mes espérances et dissipa mes beaux rêves. Je ne sais quel ensemble de circonstances me réduisirent de nouveau à penser aux conditions matérielles de ma vie. Mes trois enfants avaient grandi. Je sentais que, s'ils recevaient une bonne éducation, ils posséderaient le plus précieux trésor dont ma tendresse pût les enrichir. Mais comment conduire une maison importante? je n'en avais pas l'expérience. Je résolus de l'acquérir; lorsque je l'eus acquise, je pus voir, aux difficultés de ma situation, que je n'en jouissais point sans l'avoir payée fort cher. Ma maison était presque obscure, et l'éducation de mes enfants multipliait ses exigences. Je ne désespérai pas; j'avais confiance en Dieu, je luttai! »

Mme Pauline avait pris un accent plein de courage.

« Je luttai, monsieur, me dit-elle, contre les circonstances et contre ce qui les faisait naître. J'avais mesuré la profondeur de l'égoïsme; j'avais vu de mes yeux que, sous les dehors les plus aimables, le mécanisme de la vie commerciale s'exprime dans ces deux mots : « Chacun pour soi, Dieu pour tous. » Le problème de mon existence ne fut autre que d'acquérir la plus grande somme d'habileté, sans manquer à mes devoirs de probité et d'honneur. Permettez cet aveu plein de fierté, monsieur : l'opiniâtreté de mes efforts surmonta les difficultés; la persistance de mon courage me donna l'habileté.

«Nous étions en 1870. Mes enfants avaient grandi, les deux aînés avaient plus de vingt ans chacun. J'arrivais au terme de mes travaux, parce que je voyais la veille du jour où j'aurais le droit d'attendre dans le repos un secours de mes fils établis. Dieu détruisit encore cette fois mon rêve : la guerre vint; elle réclama mes deux enfants; elle emporta l'un à Paris et me donna l'indicible angoisse d'ignorer le sort qu'il éprouvait; l'autre, je n'eus pas la douleur de le voir s'engager sur les champs de bataille; mais, comme si la Providence eût voulu dans un dessein que j'ignore me donner toutes les tortures, il quitta la ville que j'habitais. Quelle sombre année! quelles tortures!

« La paix revint; elle me rendit ma famille, et mes plus belles espérances. Mes espérances se sont réalisées, du moins quelques-unes; mais mes enfants ne sont plus auprès de moi. Les nécessités de leur avenir, aussi beau que je le pouvais espérer, les ont dispersés loin de moi. Je vis dans l'isolement. Tout à l'heure, me dit mon interlocutrice, comme si elle eût été soulagée d'un lourd fardeau, tout à l'heure, quand je me suis dérobée à votre question, je ne voulais plus penser que Dieu, en exauçant la plupart de mes vœux, n'a pas permis que je goûtasse un bonheur complet et qu'il a mis toujours une douloureuse compensation aux bienfaits qu'il m'a prodigués. Mon mari mourait au moment où la fortune allait doubler mon bonheur; mes enfants ne peuvent avoir que loin de moi le sort que je leur souhaite! »

Cette histoire, je ne saurais la redire à mes lecteurs dans les détails qui en faisaient ressortir les grands traits, ni avec cette passion qui tantôt prêtait la colère, ou un amer regret, ou un ardent désir aux confidences de Mme. Pauline!

Je quittais le soir Mme Pauline : je ne l'ai plus rencontrée.

CHAPITRE XII

La religion et les Cours d'Assises. — Chanson populaire. — Notre-Dame du Laus. — Les Pèlerinages.

La religion a deux aspects et ouvre deux chemins : le chemin de l'honneur sur la terre, le chemin de l'immuable paix dans l'autre vie. Pour moi, le spectacle des œuvres visibles de l'Évangile a toujours ému mon âme et incliné me raison. Où est la doctrine, où sont les philosophes qui aient découvert à l'homme les sources de l'énergie, de la constance, de la grandeur? Les sociétés humaines les plus heureuses ne l'ont été que par un reflet de la lumière des commandements divins, et les conseils de la raison humaine les plus sages et les plus admirés sont un écoulement des conseils évangéliques. Tout ce qui est grand dans les sociétés et dans les hommes n'est grand que par la vérité que Dieu nous a révélée, que les livres saints nous ont transmise, et que J.-C. est venu agrandir. « O Christ! s'écrie le poète [1];

O Christ! Les yeux tournés vers la céleste voûte
Je demande un rayon qui descende de toi.
Je ne suis pas de ceux dont l'angoisse du doute
N'a jamais altéré l'inaltérable foi.

La voix du siècle est forte, et parfois je l'écoute.
Est-il une lumière, une infaillible loi?
Et trop souvent, hélas! — oh! prends pitié de moi! —
Je vais comme l'aveugle indécis dans sa route.

Mais une preuve alors éclate à mes regards :
Femmes au chaste front, jeunes gens, doux vieillards,
Je vois que les cœurs purs sont partout ceux qui t'aiment.

Je vois sous ces deux bras que tu tendis sur nous,
Que les plus vertueux sont encore à genoux,
Et que les scélérats sont ceux qui te blasphèment!

Les habitants des Alpes justifient les vers du poète. La cour d'assises ne siége pas à Gap aussi longtemps et aussi fréquemment qu'ailleurs. Les Alpins en effet sont religieux. Leur religion est pure, sincère ; leur soumission à l'autorité divine porte la marque de la liberté ; ils rendent à Dieu l'hommage d'un cœur éclairé de toute la lumière que possède la raison humaine. Je demandais à l'un d'entre eux d'où venait le respect profond

1. Joseph Autran.

que gardent ses compatriotes pour les choses religieuses. « C'est l'ordre, me répondit-il avec simplicité, il faut qu'il en soit ainsi. Dieu est au-dessus des hommes comme le père est au-dessus de ses enfants : chacun doit être à sa place. »

Les Hautes-Alpes ont, aux environs de Gap, un lieu de pèlerinage qui attira longtemps les populations de la Provence et du Dauphiné : Notre-Dame du Laus. Aujourd'hui encore le culte de N.-D. ne s'est pas éteint dans les Hautes-Alpes; toutes les années, les paroisses des environs de Gap se rendent processionnellement au Laus, chacune à son tour.

Les habitants de la Roche des Armands y allèrent pendant le temps que j'étais à Gap. Je m'adjoignis à eux. Je me mêlai à leur foule, je voulus sonder ce qu'il y a de vrai, de profond, d'ému ou de factice dans ces pèlerinages populaires.

La Roche est éloignée de N.-D. du Laus de 26 kilomètres. Tous les habitants, dévots ou non dévots, partirent le matin avant le lever de l'aube : les mulets servirent de chevaux, et les tombereaux furent des voitures qui transportèrent les femmes ou les pèlerins fatigués. Arrivés à Gap qu'il fallait traverser, les membres des confréries de pénitents et les filles de congrégation se mirent à la suite de leur bannière. On se rangea en procession, et les pénitents entonnant leur office, la foule traversa les rues de Gap en chantant. Ceux qui nous voyaient passer ne souriaient pas, ils levaient leur chapeau et inclinaient la tête. Quelques-uns, têtes fortes auxquelles la publique profession de foi de toute une paroisse n'était pas capable d'arracher au moins un cri d'admiration, quelques-uns, à l'approche des bannières, s'esquivaient dans les rues latérales : ils n'avaient pas encore la force de rire de l'acte le plus noble de l'homme : l'acte religieux.

Quand la procession eut quitté les rues de la ville, les pèlerins, suivant l'habitude de tous les villages, reprirent une allure libre, les groupes se reformèrent et l'on gravit la montagne. Nous passâmes à côté d'un village nommé Rambaud. Le clocher est à cinq minutes de l'église et les maisons sont répandues sur les flancs de quelques tertres. De Rambaud au sommet de la montagne, il fallait encore vingt minutes. On pressa le pas et nous arrivâmes en vue de l'Oratoire d'où se découvre sur le flanc du versant oriental l'église de N.-D. du Laus.

J'avais demandé l'histoire de N.-D. du Laus aux pèlerins que j'accompagnais. Un excellent homme me dit : — Je la sais, mais en chanson, la voulez-vous écouter ?

Je l'écoutais en marchant cette chanson naïve de la piété, que les enfants apprennent pendant les veillées de l'hiver, que les jeunes gens répètent ou répétaient quelquefois au milieu de leurs travaux, et que les grand'mères murmurent en filant le chanvre. Ainsi les peuples de l'antiquité entendaient les chansons des bardes et des rapsodes, dans lesquelles les générations transmettaient aux générations le souvenir des hauts faits de leurs ancêtres. On me pardonnera de reproduire ici les strophes de ce chant populaire, composé et chanté sur le rhythme facile de la complainte. Ce que j'ai appris de pieux de la bouche du peuple m'a toujours ému par sa naïveté et sa simplicité.

Chantez les douces merveilles
Que Marie opère au Laus.
Charmez toutes les oreilles
Par des cantiques nouveaux.

Une naïve bergère
Fut l'admirable instrument
De cette puissante Mère
Pour cet établissement :
Tandis qu'elle faisait paître
Ses innocentes brebis,
Elle daigna lui paraître
Sous les plus brillants habits.

C'est dans un vallon rustique
Qu'elle reçoit cet honneur,
Dans un transport extatique
Souvent elle a ce bonheur ;

Son troupeau, que le ciel guide,
N'aime plus que ce séjour :
Il y court d'un pas rapide
Dès qu'il voit naître le jour.

Cette bergère enchantée
De l'honneur qu'elle reçoit,
Cède, un jour, à la pensée
De savoir ce qu'elle voit :
D'une manière charmante
Elle lui dit sans façon :
MADAME, *votre servante*
Voudrait savoir votre nom.

D'un air tout plein de tendresse,
Satisfaisant le désir
De Benoîte qui la presse,
Et s'en faisant un plaisir,
Je suis, dit alors Marie,
Mère du Fils du Très-Haut,
Désormais, fille chérie,
Tu ne me verras qu'au Laus.

A ces mots, hors d'elle-même,
Elle tombe à ses genoux,
Et dans un transport extrême
Elle goûte un bien si doux;
Elle comprend le mystère
Du parfum qu'elle sentait
Quand cette divine Mère
A ses yeux se présentait.

La bergère obéissante,
Vers le Laus fait son séjour;
Après une longue attente,
La Vierge s'y montre un jour.
Aussitôt courant vers elle,

Benoîte entend cette voix :
Fille, cherche ma chapelle,
Tu la verras hors du bois.

Dès lors, sans le moindre doute,
Rien ne peut la retenir,
Elle suit l'étroite route
Qu'elle lui dit de tenir.
D'abord, sa recherche vaine
Attriste son tendre cœur,
Bientôt elle est hors de peine
Par une céleste odeur.

Dans peu Benoîte découvre,
Dans ce champêtre séjour,
Un lieu que le chaume couvre
Qui de partout voit le jour.
Le tendre instinct de son zèle
La transporte vers ce lieu :
Elle y connaît la chapelle
De la mère de son Dieu.

Elle entre ; à l'instant se montre
Sur un autel tout poudreux,
La Vierge de *Bon Rencontre*
Pour satisfaire ses vœux.
Un lieu si peu convenable
La pénètre vivement.
La vierge d'un air aimable
Lui prédit son changement.

Le récit du dialogue, transmis par la tradition, qui eut lieu alors entre la Vierge et la sœur Benoîte a été omis par la chanson populaire. Où trouver cependant des paroles plus simples, plus douces, plus embaumées ?

« A la vue de l'autel dépouillé et poudreux, Benoîte dit à la Vierge : — Agréerez-vous, ma très-honorée Dame, que j'étende mon tablier sous vos pieds pour les garantir de la poussière ? il est tout blanc. — La Vierge sourit et lui répondit : — Non, ma fille, gardez votre tablier. — Sœur Benoîte se plaignit alors de la pauvreté de la chapelle. La Vierge reprit : — Ne vous mettez pas en peine, dans peu de temps il n'y manquera rien, ni linge, ni nappes, ni cierges, ni autres ornements. Je veux y faire bâtir une grande église, avec une maison pour quelques prêtres résidents. J'ai destiné ce lieu pour la conversion des pécheurs. Vous y verrez vous-même cette grande église, bâtie en l'honneur de Jésus et de sa Mère, où beaucoup de pécheurs et de pécheresses se convertiront, et qui sera de la longueur et de la largeur que je veux. C'est là que vous me verrez très-souvent. — Benoîte répliqua : — Il n'y a point d'argent là, pour la bâtir ; il faudra demeurer dans cette chapelle telle qu'elle est. — Marie ajouta : — Ne vous étonnez pas ; quand il faudra bâtir, on trouvera tout ce qui sera nécessaire ; les deniers des pauvres le fourniront, et il ne manquera rien. »

Bientôt s'accomplit l'oracle ;
Tous les peuples d'alentour

Donnent le charmant spectacle
De s'y rendre tour à tour;
Les maux du corps et de l'âme
Disparaissent dans ce lieu,
Chacun ressent qu'il s'enflamme
D'un sincère amour pour Dieu.

La chanson continue en rappelant les contradictions que suscita la fondation du Laus; elle se termine par l'invocation qui suit :

Daignez donc, ô Vierge sainte!
Honorer de vos bontés
Ce lieu qui dans son enceinte
Attire de tous côtés;
Soutenez toujours le zèle
Des ministres du Seigneur,
Qui, servant votre chapelle,
Travaillent pour le pécheur.

Au moment où nous arrivâmes au sommet d'où se découvre, au milieu de la montagne, la chapelle de Notre-Dame du Laus, la promesse faite par la Vierge à la pieuse et naïve bergère s'accomplissait avec éclat : de tous les chemins, de Gap, de Saint-Etienne-d'Avançon, les pélerins arrivaient processionnellement, en habits de fête, les bannières déployées!

Les habitants de la Roche descendirent, l'un derrière l'autre, les sentiers rapides formés en zigzag qui conduisent à la chapelle. Ils jetaient dans l'espace, dans la lumière, les voix de leurs cantiques et les chants de leurs psaumes. Les jeunes filles laissaient flotter à la brise leurs voiles blancs, le curé était en étole et en surplis, les enfants de chœur avaient revêtu leurs longues aubes. Et tous chantaient :

« Louez le Seigneur, vous qui êtes ses serviteurs, louez le nom du Seigneur.

« Que le nom du Seigneur soit béni maintenant et dans toute l'éternité !

« Le nom du Seigneur mérite d'être loué depuis l'Orient jusqu'à l'Occident.

« Le Seigneur est élevé au-dessus de toutes les nations, sa gloire est au-dessus des cieux.

« Qui est comme le Seigneur, notre Dieu, qui habite au plus haut des cieux et dont les regards s'abaissent dans le ciel et sur la terre ? »

Quand la procession arriva devant la grande église, la place était couverte de pèlerins de tous les villages environnants. Dans la matinée on célébra les offices avec grande pompe. Aux chants de la grand'messe toutes les voix chantaient. L'oreille pouvait être un peu froissée de quelques notes fausses : l'âme était émue de l'unanimité, de l'ardeur, de la ferveur avec laquelle les mille assistants chantaient les louanges de Dieu dans le *Gloria in excelsis*, et affirmaient leur foi par le beau chant du *Credo* !

Dans l'intervalle de la messe à vêpres, on visita les lieux du pélerinage.

Le premier souvenir matériel de l'apparition de la Vierge à la sœur Benoîte est dans la grande église. La piété des pélerins a conservé à la place où elle était, la modeste chapelle du Laus dans laquelle la mère de Dieu apparut, ses constructions forment le sanctuaire de la basilique. Le maître-autel s'appuie sur les murs du fond, et du toit, décoré aujourd'hui avec magnificence, descendent des lustres brillants. A peine vingt personnes pourraient-elles trouver place dans ce sanctuaire. C'était moins qu'une chapelle : c'était un oratoire ; oratoire maintenant d'un effet merveilleux sous la haute voûte de l'église.

De la basilique, les pélerins descendent le chemin qui fait face à la grande porte. Bientôt, à gauche, se voit la maison qu'habitait sœur Benoîte pendant que les pélerins bâtissaient l'église. Une porte grillée laisse apercevoir l'intérieur de cette humble habitation, garni encore des meubles de bois blanc qui servaient à la sœur Benoîte. On marche devant soi et à l'endroit où le plateau du Laus finit, où la montagne reprend sa pente pour aller au fond de la vallée baigner ses pieds dans les eaux de la Vence, on visite un autre oratoire de forme circulaire. Du centre de la voûte, tombe, au-dessus d'une table de marbre, une croix de bois blanc rongée et coupée par endroits. La tradition rapporte que dans un de ses voyages à la chapelle du Laus, la sœur Benoîte vit sur cette croix, Jésus crucifié semblant encore souffrir des douleurs du Calvaire, les mains, les pieds et le côté saignants, et se plaignant de l'impiété ou de l'indifférence des hommes. C'est là le dernier et le plus profond souvenir que les pèlerins rapportent de Notre-Dame du Laus. N'y aurait-il que celui-là, n'est-ce pas une chose grande, patriotique, que ce pèlerinage populaire ? Et faudra-t-il détruire ces lieux consacrés, où les traditions et les légendes disent par toutes les voix à l'homme, qu'il n'est pas parfait, qu'il n'écoute pas assez la voix de Dieu, qu'il ne purifie pas assez ses désirs, qu'il ne donne pas à ses passions un aliment assez pur et qu'il ne nourrit pas sa volonté de résolutions saines et fortes ?

CHAPITRE XIII

Les quatre barons du Dauphiné. — Montmaur et son château. — Les jeux populaires. — Les Templiers et Philippe-le-Bel.

Le Dauphiné comptait avant la révolution quatre grandes familles ayant à leur tête quatre barons : le baron de Clermont qui possédait le vicomté de Tallard, le baron de Sassenage, le baron de Bressieu ou le baron de Maubec qui prétendaient l'un et l'autre au troisième rang, enfin le baron de Montmaur qui possédait le village de Montmaur à six kilomètres de la Roche sur la route de Veynes. Ces quatre grands seigneurs marchaient les premiers parmi les nobles du Dauphiné. Leur titre d'anciens barons primait, en vertu d'un principe incontesté, le titre de comte, de marquis, de duc, que les rois distribuèrent après la cession du Dauphiné à la France en 1349.

Mais des quatre barons dauphinois, deux, celui de Clermont et celui de Montmaur, possédaient des châteaux qui font aujourd'hui l'admiration du voyageur.

C'était le jour du « vote » ou fête populaire à Montmaur. Nous nous y rendîmes de Gap par la grande route qui passe à la Fraysinouse, à Menteyer, à la Roche des Arnauds, à la Plaine. Le chemin s'engage un instant entre deux montagnes étroitement resserrées; tout à coup l'horizon s'ouvre; à droite, à l'extrémité d'une plaine très-cultivée et arrondie en forme d'éventail, l'ancien château du baron de Montmaur montre, en avant du village, ses hautes croisées gothiques. Le monument est, dans de justes proportions, large et haut : il a la fierté et la vigueur des vieux barons chrétiens. Mais ce qui lui donne un aspect presque majestueux c'est le cadre pittoresque au milieu duquel il s'élève. A ses pieds, de vastes prairies, séparées par des peupliers, s'étendent jusqu'au bout de la plaine; à ses côtés, à droite et à gauche, de petites maisons aux toits rouges se pressent l'une à côté de l'autre et semblent se confondre de modestie et d'humilité; enfin audessus des cheminées et des tourelles du château, une montagne couverte de gigantesques sapins s'efface et s'abaisse un instant pour laisser apercevoir à une hauteur prodigieuse, les rochers neigeux du mont Oroux et les pentes caillouteuses sur lesquelles les sommets du mont sont assis.

Le village de Montmaur était tout en fête. Les rues basses du village étaient encombrées des tombereaux et des voitures qui avaient amené de tous les villages voisins, les curieux, et les parents des habitants. Au-dessus de la porte d'entrée de la mairie, des écharpes de satin frangées d'argent brillaient au soleil : c'étaient les prix des jeux de la fête. Après les offices religieux, où tout le monde assista, les jeux commencèrent en effet. Les uns jouaient à la boule, les autres au jeu de paume ; d'autres tiraient des coqs ou des pigeons, etc. Les jeux de la boule et de la paume excitaient particulièrement l'attention des spectateurs. J'en compris vite la raison : c'était plus qu'un jeu, c'était un défi. Les joueurs de Montmaur luttaient tour à tour contre les joueurs de Veynes et de la Roche. La gloire du prix devait resplendir sur toute une commune. Quelle commune l'emporterait ? Quelle commune garderait pour une année, la réputation d'avoir vaincu l'autre ? seraient-ce les habitants de la Roche qui rappelleraient durant l'année entière à ceux de Montmaur, qu'ils les avaient battus au jeu de boule ? seraient-ce ceux de Veynes ? Ce n'est pas là un mince honneur, ni une légère satisfaction d'amour-propre. Les joueurs luttaient avec acharnement, et autour d'eux, on nommait avec éloges les vainqueurs des années précédentes.

Quand le jeu fut fini, — il dura deux jours, — la distribution des récompenses se fit avec solennité. Les uns s'enorgueillissaient de joie, les autres s'en allèrent avec tristesse. Mais les vainqueurs surent être généreux : ils essayèrent de faire oublier dans le vin la défaite à leurs adversaires. Ainsi, se passent dans les villages des Alpes ces luttes ardentes, qui préoccupent les esprits toute l'année, et auxquelles on se prépare les dimanches, après les vêpres. Les principaux joueurs acquièrent une merveilleuse habileté. On se passionne pour leur jeu, on parie pour les uns ou les autres. Leur réputation s'étend au loin; je sais des hommes dignes d'être célèbres, dont le nom est répété avec moins d'orgueil par leurs compatriotes, que celui de ces vainqueurs au jeu de la boule et de la paume.

La situation géographique du village de Montmaur explique le sort qu'il a subi à travers les temps. Adossé au pied d'une montagne derrière laquelle nulle surprise ne peut se préparer, et dominant la plaine, Montmaur est maître incontesté de l'horizon qui l'entoure. Les Lombards d'abord, les Maures ensuite, et après eux les Templiers et les seigneurs féodaux, devinèrent toutes les ressources d'une position naturelle aussi puissante : ils s'y fortifièrent. Les uns et les autres purent demeurer assez longtemps pour y laisser des traces durables de leur passage. Les Lombards y laissèrent leurs traditions, les Maures leur nom, les Templiers une chapelle dont on visite les ruines au milieu de la plaine, et les seigneurs le magnifique château qui domine et protége le village.

Le château de Montmaur possède à l'intérieur l'une des plus belles salles que jamais nous ayons vues. Longue de toute la longueur du château, large de toute sa largeur, haute de la moitié de sa hauteur, éclairée par de grandes croisées, cette salle superbe est chauffée à l'une de ses extrémités par une cheminée qui en occupe presque en entier le fond et dont le manteau couvre aisément quinze hommes debout. Les grands chênes seuls peuvent brûler dans cet âtre immense, comme les hommes d'armes d'autrefois semblent seuls avec leur grande stature pouvoir s'y chauffer. Nous nous sentions perdus dans cette vaste pièce tout à fait nue et blanchie à la chaud. Malgré nous, nous rêvions aux hommes forts et libres — que la liberté fortifiait autant que l'air pur de la montagne — qui venaient là délibérer sous l'œil de leur fier baron. Où est aujourd'hui cette force des hommes et cette liberté des âmes ? où est la liberté de diriger et de protéger ses intérêts? La main de l'État touche à tous les actes de notre existence. Ah! il y a deux choses que les révolutionnaires devraient détruire pour détruire le désir ou le regret de la liberté : le christianisme et les ruines des châteaux du temps chrétien!

La chapelle des Templiers, bâtie au milieu de la plaine de Montmaur, servait sans nul doute à la piété publique : elle dut servir encore d'observatoire ou de télégraphe aux seigneurs de Montmaur. De l'éminence au-dessus de laquelle la chapelle est placée, on voit en effet au loin dans la direction de Veynes les restes d'une vieille tour qui dominent encore la vallée des deux Buëchs.

On heurte à chaque pas, dans les Alpes, les souvenirs de l'ancienne occupation des Templiers. Cet ordre célèbre a laissé, dans la partie basse des Alpes, des églises et des tours et, dans certains endroits, son nom sert encore à désigner des rues ou des champs. Par un sort singulier, c'est dans le Dauphiné, province où ils possédèrent tant de terres, où ils paraissent avoir exercé une puissance étendue, c'est à Vienne que les Templiers furent dissous par le jugement du pape Clément V.

Le procès des Templiers a été l'un des procès les plus controversés de l'histoire. Les Templiers étaient-ils coupables des crimes dont on les accusait ? Les passions seules de Philippe-le-Bel furent-elles la cause de leur dispersion et de la dissolution de l'ordre ? L'accomplissement de la menace que fit du haut du bûcher Jacques Molay : — Je vous appelle, dit-il au roi, d'ici à quarante jours devant le roi du ciel, — l'accomplissement de cette menace vient encore obscurcir la question. Les uns, en présence de la réalisation de la prophétie du grand maître, vénérèrent les derniers maîtres des Templiers à l'égal de martyrs ; les autres, ceux-là complices des convoitises du roi, les condamnèrent à l'égal d'hérétiques, de voleurs, d'assassins ; cette contradiction s'est reproduite pendant plusieurs siècles !

Aujourd'hui cependant la querelle est vidée. Philippe-le-Bel désira pour ses dissipations les trésors des Templiers ; et pour le triomphe de sa politique contre les papes, il crut utile de détruire l'ordre du Temple qui, bien des fois, avait prouvé que, fidèle à son origine, il défendrait avant tout les droits du Saint-Siége. Excité par cet intérêt et ses passions, le roi prépara contre les Templiers l'un des plus odieux guet-apens de l'histoire, il machina contre eux les plus abominables accusations. Toutes ses créatures furent mises en œuvre, et préparèrent cette perte qui devait lui rapporter tant de richesses et tant de biens : tous les moyens furent employés. Cependant rien ne réussissait au gré de Philippe le Bel. Le pape Clément V, instruit par les juges qu'il avait institués lui-même, que les accusations portées contre les Templiers n'étaient pas justifiées, était prêt à autoriser les accusés à se défendre devant son tribunal des reproches que la cupidité du roi faisait peser sur eux. Philippe-le-Bel eut alors recours à la suprême puissance des persécuteurs : il menaça le pape et passa sous les murs de Vienne avec une armée formidable. Clément V, réduit à l'impuissance, céda : il porta contre les Templiers une sentence de dissolution. Mais le texte même de la sentence pontificale venge la mémoire des Templiers et montre que la décision du pape fut une mesure de prudence décidée pour épargner de plus grands maux à l'Église : « Eu égard, dit le pape, à la mauvaise *réputation* des Templiers ainsi qu'aux *attaques* et aux *soupçons* dont ils sont l'objet, eu égard à la manière et à la façon mystérieuse dont on est reçu dans cet ordre, à la conduite tout à fait mauvaise et anti-chrétienne de *plusieurs membres*, particulièrement au sujet du serment demandé à chacun d'eux de ne rien dire sur cette admission et de ne jamais sortir de l'ordre, considérant que le *scandale* donné par cet ordre ne peut être réparé s'il continue d'exister ; de plus, que la foi et les âmes sont par là même en péril et qu'un *grand nombre des membres de l'ordre* ont commis d'épouvantables crimes, etc., considérant de plus que pour des motifs moindres que ceux dont il s'agit l'Église a aboli des ordres célèbres, nous abolissons, *non sans amertume et sans une douleur intime, non pas en vertu d'une sentence judiciaire, mais par sollicitude pour le bien général*, et en vertu d'une *ordonnance pontificale*, le susdit ordre des Templiers, etc. »

L'ordre des Templiers était dissous à cause de la mauvaise réputation qui lui était faite ; mais qui ne le sent? le jugement qui le condamnait pèse de tout son poids, sur la mémoire de Philippe-le-Bel : de celui qui avait établi cette mauvaise réputation. « Au moment de mourir, s'écria Jacques de Molay sur l'échafaud, c'est-à-dire au moment où le plus léger mensonge peut avoir de terribles conséquences, j'avoue, en présence du ciel et de la terre, avoir commis un grand crime contre moi et contre les miens et avoir mérité la mort, parce que, pour sauver ma vie et pour ne pas souffrir le martyre, je me suis laissé gagner par des paroles trompeuses du roi jusqu'à dire du mal de mon ordre ; mais maintenant, sachant quel est le sort qui m'attend, je ne veux pas ajouter un nouveau mensonge à ceux que j'ai déjà faits ; je déclare donc que l'ordre est resté constamment orthodoxe et qu'il n'a pas commis les infamies qu'on lui reproche. Et maintenant je renonce joyeusement à la vie. »

Philippe le Bel ne put profiter des trésors que la dispersion des Templiers lui assurait : quarante jours après la mort de Jacques Molay, il comparaissait, comme le lui avait prédit le dernier grand-maître, devant le Roi des rois !

Dans les Alpes et dans le reste du Dauphiné, les trésors et les biens des Templiers furent attribués aux chevaliers de Saint-Jean de Jérusalem.

CHAPITRE XIV

Veynes. — Son histoire. — Le jeu de paume. — Le travail agricole et le travail manufacturier. — M. l'abbé Garcin. — M. A. Ruelle.

Par quelque route qu'on arrive à Veynes, de Montmaur ou de Serres, on traverse une plaine resserrée entre les montagnes admirablement cultivée : elle ressemble à un immense verger. Les parcelles innombrables qui la divisent sont couvertes de prairies, de blés, de chanvres et des plantes potagères nécessaires au ménage de chacun. Les arbres qui l'ombragent sont le noyer, le pommier et le poirier. La grande culture y est tout à fait impossible. La distribution de la propriété, pas plus que l'étendue de la plaine, ne le permettrait. Mais tout coin de terre fertile est en travail, et récompense l'homme des efforts acharnés qu'il y consacre.

L'extrême fécondité de la plaine de Veynes vient de deux causes qui partout produisent le même résultat : l'étendue de terrain n'est pas proportionnée au nombre relativement considérable des habitants du bourg : de plus, la rivière du Buëch et les torrents qui descendent des montagnes voisines, après avoir engraissé le sol par leur débordement, lui apportent, par des canaux habilement ménagés, l'humidité et la fraîcheur.

Veynes possède un immense vignoble. C'est la partie de leur terre, qu'avec juste raison les habitants tiennent en la plus haute estime. Les raisins qui s'y récoltent sont exquis : ils produisent un petit vin clairet, pétillant, plein de chaleur, d'un goût très-agréable. Les habitants en sont fiers, et lui font honneur.

La disposition des maisons rappelle à elle seule le rôle que Veynes a tenu depuis son origine. Le bourg est presque en entier dans une très-longue rue, qui appartient aux auberges, aux cafés, aux maréchaux-ferrants, aux boulangers, à tous les métiers qui servent aux voyageurs. La principale ressource du pays est dans le passage des étrangers, sa principale richesse vient de leur séjour et de leur trafic. Ville de passage, ç'a toujours été la fonction de Veynes dans les Alpes, ç'a été son mérite, et c'est à cette charge que les habitants doivent principalement leurs mœurs gaies, polies et gracieuses.

Veynes servait déjà de *station* au temps des

Romains; elle est marquée comme une étape dans l'itinéraire d'Arles à Jérusalem : elle est de même indiquée aujourd'hui par sa position naturelle pour être le point de jonction du chemin de fer de Marseille à Gap et de Gap à Grenoble.

On devine aisément l'importance qu'une telle condition a donné de tous temps à Veynes : clef de passage dans l'étroite vallée qu'elle occupe, tous les envahisseurs durent s'en emparer sous peine de n'avoir pas accès dans la partie haute des Alpes. Les Lombards s'y installèrent; après eux les Sarrasins. Puis quand ces barbares eurent quitté le sol des Alpes, les seigneurs féodaux prirent leur place. En 1253, douze seigneurs possédaient une juridiction indépendante sur la terre de Veynes. Le Dauphin ne put détruire cette indépendance et retirer aux seigneurs la liberté de leur franc-alleu, qu'en 1346. A cette date, les seigneurs de Veynes firent hommage au roi Dauphin; un siècle plus tard, une sentence arbitrale décidait que, pour maintenir la réalité de la suzeraineté, on mettrait la figure d'un dauphin sur l'un des créneaux du château qui entrait dans les armoiries. Veynes perdit-il à cet échange de souveraineté? Il y gagna de pouvoir appeler de l'autorité des seigneurs à l'autorité plus élevé et moins intéressée des dauphins.

Cependant le rôle de Veynes était toujours de

servir de station aux voyageurs. La communauté et le seigneur tirèrent bientôt tout le profit de cette condition : ils créèrent des foires. L'une d'entre elles est encore célèbre aujourd'hui : celle de la Madeleine. On y vint et on y vient de tous les points du département. C'est à ce rendez-vous que se fixe le prix annuel des laines. Mais il ne suffisait pas de décréter une foire pour attirer les marchands et les voyageurs. Les habitants de Veynes voulurent solliciter leur venue en leur offrant des avantages financiers. En 1584 ils obtenaient du roi Henri III, des marchés francs : des marchés où le trafic était dégagé des charges et des impositions qui alors arrêtaient les mouvements du commerce.

L'importance de Veynes, grâce à ces conditions, grandit toujours jusqu'à la fin du XVIIe siècle. Le roi de Savoie fit à ce moment irruption dans les Alpes ; il brûla plusieurs villes : Veynes fut du nombre. Louis XIV donna 60,000 francs pour la rebâtir. Depuis, la petite ville a repris son mouvement ascensionnel. L'habileté et la courtoisie des habitants, autant que sa position naturelle, lui ont rendu la place considérable qu'elle a toujours occupée.

Les deux châteaux des principaux seigneurs de Veynes sont encore debout aujourd'hui. L'un s'élève sur la grande place de l'hôtel-de-ville.

L'aspect extérieur, presque sans ornementation, n'attire les yeux que par ses lignes élancées, son haut pigeonnier et ses antiques fenêtres. L'ancienne ville est bâtie sur le coteau pour ne pas rétrécir la plaine déjà si étroite. De ses maisons l'œil commandait toutes les routes qui aboutissent à Veynes, et embrasse tout l'horizon.

Mais, nous l'avons déjà dit, ce n'est pas dans ses monuments, dans ses fontaines aux eaux merveilleusement limpides, dans ses places, dans ses rues, que Veynes montre ses avantages particuliers : il faut se mêler aux habitants, vivre un instant de leur vie et participer à leurs jeux.

La jeunesse du bourg est aussi active dans ses jeux qu'infatigable au travail. Veynes est renommé par ses joueurs de paume. Des parties sérieuses s'engagent tous les jours le long de la grand'route.. Peut-être me saura-t-on gré d'expliquer ici les règles de ce jeu, cher à tous les pays de montagnes, aux Basques et aux Alpins.

Les partenaires séparés en deux camps se placent dans un rectangle allongé nettement limité et divisé au milieu par une ligne transversale de partage. Le jeu commence. L'un des joueurs prend une paume, petite balle d'un diamètre de trois ou quatre centimètres, dure et bondissante. De la main gauche il la présente, en l'enlevant à peine en l'air, à la main droite qui la lance vigoureusement dans la limite du rectangle, aux joueurs de l'autre camp. Ceux-ci, échelonnés suivant leur degré de force attendent l'œil éveillé, la main en l'air, la paume au passage. S'ils la laissent passer et qu'elle sorte du rectangle derrière eux, leurs adversaires ont gagné une fraction d'un point. Si au contraire ils la renvoient jusqu'à la faire dépasser la ligne du rectangle placé derrière le joueur qui la leur a lancée, ce sont eux qui ont gagné la fraction du point. Mais le plus souvent, tant à cause de la longueur des distances, qu'à cause de l'habileté respective des uns et des autres, la balle n'est renvoyée que dans la limite du rectangle. Alors une lutte ardente s'engage où les joueurs déploient une souplesse remarquable et une étonnante promptitude de regard : ils se renvoient la paume les uns aux autres avec vivacité et avec astuce : chacun s'efforce en la renvoyant d'empêcher qu'on ne puisse la lui renvoyer, ou essaie de la jeter sur les bras, sur les jambes de ses adversaires. S'il réussit à faire toucher la paume à l'un des vêtements du joueur, il a gagné une fraction d'un point; s'il réussit au contraire à faire cesser le jeu on marque, à l'endroit où la paume s'est arrêtée, ce qu'on nomme une « chasse ». Lorsqu'il y a deux chasses, les joueurs changent de côté. Alors, le jeu devient plus intéressant. Non-seulement les joueurs s'efforceront de faire ce que nous venons de décrire : ils devront encore déployer leur habileté pour gagner des chasses. Le camp gagne une « chasse », lorsqu'il réussit à renvoyer la paume au-delà de la ligne placée devant lui qui sert à la marquer. C'est dans ce moment que se montre tout l'art du joueur : il ne renvoie plus la paume que pour dépasser à peine la chasse, tandis que ses adversaires sont là aux aguets pour la repousser. Quand les deux chasses sont gagnées, le jeu reprend comme au début.

Le jeu de la paume passionne comme nul autre : il demande de l'adresse, de la souplesse, de la force. Tant que la paume est en l'air c'est merveille de voir le feu des yeux, les mouvements rapides des bras, les sauts des joueurs : tous les joueurs sont en œuvre, regardant, levant les mains, sautant, cherchant à saisir la paume au passage. C'est à peu près toujours le même qui reçoit et renvoie la balle ; tous jouent cependant, tous suivent la paume du regard, tous prouvent leur agilité, et tout se passe au milieu du silence qu'imposent l'incertitude et l'attente. Quand la paume tombe, une sorte de tumulte éclate dans lequel chacun explique son art et sa souplesse.

Tel est ce jeu des montagnes. Dans nos Alpes, on ne s'y passionne guère que pour gagner quelques bouteilles de vin, et acquérir du renom. A

Paris j'ai vu jouer au jeu sain et fortifiant de la paume dans le jardin du Luxembourg. Si les règles sont les mêmes, le jeu est bien différent. Au lieu d'une balle, petite, dure, qui traverse l'air en sifflant, les joueurs en envoient une grosse et molle ; au lieu de la lancer et de la renvoyer avec la paume étroite de la main, ils ont une large et longue raquette. Les Basques et les Alpins riraient du jeu de paume du Luxembourg.

C'est à Veynes que j'ai pu le mieux voir l'économie de la vie des Alpins. Dans la plupart des villages, la terre n'est pas assez étendue pour fournir aux babitants un travail permanent durant toute l'année, et une récolte assez abondante pour suffire par ses revenus à tous les besoins de l'existence. Avec le prix de leur blé, de leurs fourrages, de leur chanvre, les Alpins ne pourraient acheter les étoffes qui leur sont nécessaires : la plupart les fabriquent eux-mêmes. Ceux qui n'ont pas, en dehors de leurs champs, une occupation lucrative, possèdent dans l'intérieur de leur maison, un métier à tisser la toile et les draps ; les mêmes hommes qui pendant la belle saison ont dirigé la charrue et pioché la terre, consacrent ainsi les jours de l'hiver à manier la navette. Les étoffes qui sortent d'un tel métier certes ne sont pas élégantes ; mais de laine ou de fil, elles sont solides, presque indestructibles, et de l'avis de tous, elles garantissent ceux qui s'en servent, contre le froid et le chaud, mieux que les draps de nos manufactures. Les métiers à tisser offrent un autre avantage très-digne de considération. Non-seulement, ils permettent aux Alpins de se suffire à eux-mêmes dans toutes les nécessités de leurs costumes : ils leur donnent encore le moyen de réparer certaines années les ravages de la tempête ou de la stérilité. Les habitants vendent alors leur toile ou leur drap, et, avec ce revenu, ils achètent le blé et les foins que l'intempérie des saisons leur a détruits. Ainsi, par la double ressource de la récolte et du travail intérieur, les Alpins ne connaissent pas ce qu'on nomme dans les villes, « le chômage, » triste temps d'arrêt dans l'exercice des vertus nécessaires au travail, aussi bien que temps d'arrêt dans le gain indispensable à l'entretien de la famille.

N'y aurait-il pas là, n'y a-t-il pas dans ce spectacle, la solution d'un élément redoutable de la question sociale ? Si les populations agricoles neutralisent l'infécondité du sol par une occupation manufacturière, pourquoi les populations manufacturières ne combattraient-elles pas le chômage par une occupation agricole ? Quelques grandes manufactures, à Veynes une manufacture de draps, ont déjà consacré cette alliance de la terre avec l'atelier : ils ont donné à leurs ouvriers le moyen d'acquérir un petit lot de terre assez étendu au début pour fournir les plantes potagères, et pour nourrir les poules qui font les œufs et les porcs qui donnent la viande. Les résultats qu'ils ont obtenus sont aussi heureux que ceux que les Alpins obtiennent par le système inverse. Cette manière de réparer les désordres de l'organisation industrielle de notre temps forcerait, il est vrai, les usines et les manufactures à abandonner les villes ou l'entour des villes; mais quel malheur y aurait-il pour les villes à ce que les ouvriers s'en allassent travailler dans l'air sain et fortifiant de la campagne?

Je ne quitterai pas Veynes, où l'hospitalité est si douce, les relations si cordiales, les ressources d'agréments si nombreuses, sans nommer M. l'abbé Garcin, curé, et M. A. Ruelle, directeur de la construction à la Cie P. L. M. L'un et l'autre ont été les bienfaiteurs du pays, et sont à des degrés divers, des rayons de la couronne que forment au front de Veynes les enfants de cette petite ville qui ont forcé l'estime, la considération, l'hommage de tous les Alpins et de la France!

M. l'abbé Garcin est demeuré plus de vingt-cinq ans curé de Veynes: il y a vu deux générations d'hommes; il y a traversé les jours tristes de sa vie et y a goûté les jours heureux. De tous ses paroissiens, il s'en est fait des enfants ou des frères, j'en ai recueilli le témoignage de mes propres oreilles. Il importe de le dire, ce n'est point tant par ses discours, qui, je l'espère, iront un jour instruire et édifier d'autres auditeurs, que M. Garcin a conquis l'influence et l'empire dont il dispose, que par un dévouement infatigable. Ah ! le dévouement, voilà bien le secret de la puissance des hommes !

M. A. Ruelle a été d'une autre manière le bienfaiteur et l'honneur de Veynes. Esprit droit, net, sagace, ardent et infatigable au travail, le directeur de la construction du chemin de fer P. L. M. a conquis par les qualités de son intelligence la haute situation dont il jouit. Mais dans chacun de ses pas il s'est souvenu de son pays ; il a associé par son dévouement envers ses compatriotes, son pays natal à toutes ses joies ; et le jour où l'autorité de sa position a pu être décisive, il a étendu son affection de Veynes aux Alpes. Il est le créateur des lignes du chemin de fer qui se joignant à Veynes vont de Marseille à Gap, et de Gap à Grenoble.

CHAPITRE XV

Une pêche sur un lac. — La mendiante. — L'aumône. — Aspres-les-Veynes. — La forêt de Durbon. — La Bâtie Mont Saleon.

La petite voiture qui nous conduisait de Veynes à Aspres-les-Veynes pour nous mener de là à la forêt de Durbon pliait sous le poids : nous nous écrasions les uns les autres. Cependant nous étions en route ; il fallait rire. Quand les premiers éclats de rire eurent établi entre les voyageurs cette sorte de familiarité qui se contracte aisément loin du foyer domestique, nous nous racontâmes les uns les autres ce que le temps, les circonstances ou le souvenir nous inspiraient. Bientôt on parla des Alpes, de ses aspects et de ses beautés. Que de merveilles il y aurait à visiter, dans nos pays, si l'on voulait y voir tout ce qui a enthousiasmé jusqu'à l'âme la plus vulgaire !

Parmi les voyageurs s'en trouvait un que je nommerai M. Olivier : il était de Barcelonnette.

Homme de bon sens, il portait, suivant une juste expression, la bonté sur sa figure, et donnait à chacune de ses paroles comme un accent de loyauté. C'était un cœur délicat, d'une forte trempe, il ne nous parlait qu'avec émotion de ses petits enfants, et il pleurait de joie à la seule pensée que l'un de ses « chers petits » avait gagné la croix d'honneur à la pension. M. Olivier entraîné, lui aussi, « à dire la sienne », nous raconta une partie de pêche à laquelle, je le crains, je retirerais, en la contant à mon tour, l'intérêt qu'il sut lui communiquer.

« Aux environs de la fête de Noël, il y a de cela bien longtemps, nous dit M. Ollivier en secouant d'un air mélancolique ses cheveux grisonnants, nos parents étaient venus passer la fête chez mon père. Comment les « régaler » ? Il faisait froid, cependant la terre n'était pas couverte de neige. Mon oncle pensa que nous pourrions aller pêcher des truites sur un lac situé presque au sommet de la haute montagne qui domine le canton d'Alloz. Nous partîmes, le vingt-quatre décembre, de très-bonne heure. L'ascension dura trois heures ; lorsque nous arrivâmes, le lac était gelé. On s'y était attendu et nous nous mîmes à l'œuvre pour enfoncer la glace. Que d'efforts ! que de fatigues ! la glace avait une épaisseur de plus d'un mètre. Nous creusâmes, nous creusâmes : nous n'arrivions pas à percer l'épaisse croûte. Tout-à-coup un bruit effroyable, pareil au bruit d'un canon, retentit à mon oreille. Le fracas fut si terrible et l'ébranlement de l'air si considérable que je fus renversé en arrière. Où étais-je ? sans doute mes compagnons étaient engloutis dans les eaux du lac ! Je relevais la tête pour promener mon regard autour de moi et constater le prétendu désastre dont je croyais être l'unique survivant, et j'aperçus... quoi ? mon oncle en face de moi qui riait à gorge déployée de ma chute et de l'air de catastrophe que le saisissement que j'avais éprouvé m'avait donné ! Le grand bruit avait été occasionné par la colonne de l'air qui s'était élancée comme un jet puissant de dessous la glace, par l'ouverture que nous avions enfin réussi à pratiquer. Mon oncle me fit alors approcher du trou béant. Quelle merveilleuse limpidité avaient les eaux du lac ! Tant la transparence était profonde, j'apercevais nettement les pierres qui tapissent le fond de l'abîme ; je voyais aller et venir les bandes de truites ; j'aurais pu les compter ; mais il fallait plus que les compter dans les eaux du lac, il fallait les pêcher. Nous creusâmes à quelque distance deux autres trous, et nous fixâmes nos filets aux pieux que nous avions plantés dans l'épaisseur de la glace : la pêche commença. Mon oncle, homme d'une force herculéenne, ramassa autour de son bras le réseau du filet, se pencha sur l'abîme et, d'une main exercée, le lança en éventail. Nous vîmes le filet s'étendre et descendre. Mon oncle recommença la même opération aux deux autres trous. Le croiriez-vous, messieurs? nous dit alors M. Olivier, nous fîmes une pêche miraculeuse. En deux heures nous ramassâmes plus de poisson que nous n'en pûmes porter. J'étais ébahi. Mon oncle et son compagnon se sont peut-être longtemps rappelé mon étourdissement et ma chute. Pour moi, — et c'est ce qui m'excuse de vous avoir conté mon aventure — je ne puis me souvenir sans étonnement qu'au vingt-quatre décembre, sur une des plus hautes montagnes, j'ai fait dans un lac gelé à la profondeur d'un mètre, une pêche merveilleuse de l'un des poissons le plus exquis que l'homme puisse goûter : la truite de nos Alpes. »

Aspres-les-Veynes est situé dans la vallée du Buech occidental. Pour y aller de Veynes que baigne le petit Buech, nous avions gravi un plateau assez élevé, couvert de chênes-roures. Le village se découvre tout à coup du sommet du plateau à un détour de la route. L'effet est pittoresque. Les eaux de la rivière coulent au pied d'Aspres, à travers des champs cultivés. Les maisons du village entourent un tertre élevé et boisé ; à droite et à gauche, le terrain s'élève en colline jusqu'à ce que, par un mouvement brusque et soudain, la colline devienne, à droite, une très-haute montagne, et qu'à gauche, elle aille se perdre dans une étroite et longue vallée..

Aspres-les-Veynes possédait autrefois, sur le tertre qui domine le village, un monastère de bénédictins. On voit encore la trace des ruines. Lesdiguières, dit-on, le renversa parce que les constructions servaient aussi de château-fort. Depuis ce moment, l'importance d'Aspres-les-Veynes a considérablement décru : c'est une étape fort agréable sur la route de Sisteron à Grenoble; ce sera l'un des points de réunion les plus fréquentés, lorsque la curiosité, enfin éveillée, ira chercher dans les Alpes françaises, le paysage, les beautés que la Suisse même lui refuse.

D'Aspres-les-Veynes à la forêt de Durbon, nous rencontrâmes quelques mendiants sur la route : leur accent nous montra qu'ils n'appartenaient pas aux Alpes. Ils vont ainsi à travers les campagnes, mendiant le jour un morceau de pain que jamais on ne leur refuse, et se couchant la nuit dans la paille des granges. Le sentiment de l'hospitalité et une sorte de commisération pour les malheureux sont très-développés dans cette pauvre région. J'ai souvent entendu dire par les vieillards ou les jeunes gens, qu'il ne fallait jamais refuser un morceau de pain : les uns et les autres donnaient ce conseil avec un accent religieux et tous le pratiquent. Aussi voit-on rarement sur les chemins, des mendiants du pays. Chaque village se fait un devoir — pur devoir de conscience — de pourvoir au besoin des pauvres de la commune. Tour à tour, les uns et les autres leur trouvent de l'ouvrage ou du pain. Ainsi se réalise par l'entraînement du cœur la maxime dont l'Angleterre protestante a dû faire une loi après la destruction des monastères : que chaque communauté doit se regarder comme une famille et que les membres prospères doivent communiquer un peu de leur vie aux membres souffrants. Dans les Alpes il n'y a pas de taxe officielle des pauvres : c'est pour cela que les pauvres de bonne volonté et de bonne conduite sont abondamment pourvus.

On me pardonnera de rappeler ici un fait, qui m'a découvert le secret des sentiments de reconnaissance ou de vengeance que la même aumône distribuée d'une manière différente peut inspirer aux mendiants.

C'était à Aix-les-Bains : nous visitions une splendide résidence seigneuriale. Lorsque nous arrivâmes dans la grande allée, la maîtresse du lieu en toilette du matin parlait sur le seuil de sa porte à une vieille femme en haillons. A notre vue, l'entretien cessa ; la grande dame, comme surprise, redressa sa tête, et, congédiant du regard la pauvre vieille femme : « Surtout, lui dit-elle, n'oubliez pas que je vous ai donné dix francs. » Ah ! si vous eussiez entendu l'étrange son que rendit à nos oreilles cette réclame faite au profit d'une fausse générosité ; si vous eussiez aperçu l'abîme soudain que creusa entre la femme pauvre et la femme riche cette parole âcre et orgueilleuse ; si vous eussiez vu surtout le sourire commencé avant notre arrivée se dissiper tout à coup à notre présence, et la bonté du regard se transformer en une sorte de dédain, vraiment vous eussiez arraché des mains de la pauvre vieille une aumône ainsi profanée ! La vieille comprit qu'elle était de trop ; elle s'en alla rapidement en murmurant un faible merci.

Je n'oublierai jamais cette scène. Le conseil que Jésus donnait à ses disciples : « Que votre main gauche ignore ce qu'a fait votre main droite », ne vient plus à ma mémoire seulement comme l'expression d'un ordre divin, mais avant tout comme le conseil qui renferme les secrets de la convenance, du bon ton et de l'humanité. Que jamais nos lèvres et notre orgueil n'interrompent le sourire que la compassion a commencé ! Il est la plus grande part de l'aumône !

L'immense, la superbe forêt de Durbon n'est plus qu'un magnifique corps sans âme : ce sont de grands arbres à la suite de grands arbres. Il semble que la domination du garde forestier de l'État ait arraché aux profondeurs du bois ses mystères et cette sorte de recueillement qui appellent les hommes las de fatigues et abreuvés de dégoût. La forêt conserve toujours les aspects majestueux qui y avaient amené les Chartreux, mais la Révolution, en décidant que les arbres ne serviraient plus qu'aux besoins matériels des hommes, l'a dépossédée du prestige religieux que la nature imprime aux solitudes des grands bois et qui, dans la succession des âges, attira les druides et les moines. La première émotion qui saisisse l'âme à la vue de l'incomparable Durbon laisse échapper ce cri : « Cette forêt n'appartient plus aux Chartreux : elle est entre les mains de l'État. » Alors, à travers les arbres, on redoute d'apercevoir l'agent forestier, comme on aime à la grande Chartreuse à frôler la robe d'un religieux. En vérité deux sortes de bois ont toute leur beauté : la forêt vierge, et la forêt habitée par des vierges ou les prêtres de Dieu. Il n'y a qu'eux dans la société qui animent et vivifient la grandeur et la majesté des forêts. Quand ils en ont été chassés, les hommes qui les y remplacent sont trop petits, leur caractère est trop humain, leurs fonctions trop serviles : le bois devient un champ d'exploitation, et le voyageur qui vient rêver sous ses grandes ombres, n'y trouve plus ce je ne sais quoi de recueilli et de pieux que son âme y cherche instinctivement.

Les Chartreux ne possédaient pas seulement dans les Alpes, la forêt de Durbon : ils avaient des terres et des juridictions, sur un grand nombre de points du pays. La piété des seigneurs, piété souvent tardive, leur avait laissé ces biens en héritage, assurés d'obtenir en retour, des prières pour leur âme, et certains que ces biens serviraient entre les mains des religieux à faire le bien qu'ils s'étaient eux-mêmes trouvés impuissants à accomplir. Quelques ruines, restes grandioses du couvent, montrent encore aujourd'hui, au milieu de la forêt, la vaste étendue occupée par le monastère.

La descente de la forêt de Durbon jusqu'au point où les deux Buech réunissent leurs eaux est agréable. On revoit Aspres-les-Veynes; on passe à Aspremont, situé sur une éminence entre deux vallée fertiles. La route longe la rivière, traverse des prairies et va mourir à l'extrémité du plateau qui jusque-là sépare le grand et le petit Buech. Alors on a devant soi les rochers de deux hautes montagnes qui semblent, tant ils sont rapprochés, barrer la route. Si l'on retourne la tête du côté de Veynes, on voit au loin, en avant d'un large plateau, la Bâtie Montsaléon.

La Bâtie Montsaléon n'offre à l'œil aujourd'hui qu'un site pittoresque, et les ruines d'un château disparu. Cependant le village est construit avec les pierres d'une ville importante, qui sous la domination romaine joua dans les Alpes un rôle considérable. Au pied même de la pente sur laquelle les maisons sont bâties, se trouvait une station célèbre nommée *mons Seleucus*. C'était du temps de Constance, au quatrième siècle, la ville romaine, qui commandait l'un des passages les plus difficilles des Alpes Cottiennes. En 353 une bataille fut livrée sous ses murs par les généraux de Constance contre Maxence. Des fouilles ont fait découvrir à la profondeur de quelques mètres les fondements des temples, des bains, des habitations. L'habileté des directeurs des fouilles a pu refaire le plan de la ville entière et, à chaque jour encore, les paysans découvrent avec leur pioche ou leur charrue des fragments de colonne ou d'amphores, ou des dieux de bronze et des médailles. Comment cette ville, dont les restes gardent la trace de quelque splendeur, a-t-elle disparu sous plusieurs mètres de terre et de galets ! Comment cette importante station qui commandait l'étroit passage où les Buech se sont creusé leurs lits, n'a-t-elle laissé nul souvenir historique dans le moyen âge ? La nature du sol, les noms des villages environnants, indiquent le sort qui frappa le *mons Seleucus*. Un jour, les montagnes rapprochées que rongent les eaux des Buech, laissèrent tomber de leurs sommets et de leurs flancs d'immenses rochers : l'étroit passage s'obstrua et se ferma. Les eaux battirent en vain l'obstacle : elles furent refoulées, elles formèrent un lac dans lequel le village et la plaine du *mons Seleucus* furent engloutis. Ainsi disparut le *mons Seleucus*. Un village, nommé Chabestan « caput stagni » indique encore aujourd'hui, que les eaux du lac occupèrent un espace d'environ deux lieues. Mais à la fin la violence des eaux fut si puissante que les rochers qui fermaient le passage furent emportés : les rivières rentrèrent dans leur lit, et reprirent leur cours. Le *mons Seleucus* seul, couvert de vase et de pierre, demeura enseveli : son importance militaire ne fut plus comprise; les envahisseurs du moyen âge ne se rappelèrent de l'utilité et de la splendeur de cette ville, que le danger toujours subsistant dans lequel elle avait péri; et loin de reconstruire une ville dans la plaine, ils bâtirent un château fort sur le plateau. Le *mons Seleucus* donna naissance à la Bâtie-Montsaléon !

CHAPITRE XVI

Serres. — Son rôle pendant les guerres religieuses. — Le protestantisme dans les Alpes. — Le ministre et le paysan.

Serres est à quelques kilomètres de la Bâtie Montsaléon. On y arrive par l'étroite gorge qui laisse passer les eaux du Buech. La rivière et la route restent quelque temps encaissées entre deux montagnes hautes, caillouteuses, égayées de quelques bouquets de buis. Bientôt s'ouvre à droite une vallée profonde au fond de laquelle roule un torrent. La culture étalée sur les flancs des montagnes qui ferment à ce moment l'horizon de tout côté ne réussit pas à enlever un je ne sais quoi d'attristant qui couvre le paysage. Alors, l'œil aperçoit dans le lointain au détour d'une élévation quelques maisons. Tout à coup les montagnes s'épanouissent en éventail : la ville de Serres est là à droite, sur le coteau, qui admire à ses pieds une plaine vaste, riche, variée, traversée par des eaux vives, inondée de lumière : c'est l'un des plus beaux aspects des Hautes-Alpes !

Serres est plus qu'un chef-lieu de canton, s'il n'a pas réussi à rester sous la Révolution chef-lieu d'arrondissement. Sa population est nombreuse ; son terrain est le plus fertile de tous les villages environnants. L'importance naturelle de sa position, le rôle qu'elle a toujours tenu dans les Alpes depuis son origine ont fait de cette petite ville l'un des points les plus animés et les plus agréables du pays. Les voyageurs y sont accueillis avec politesse ; les auberges et les hôtels ont du confortable. Serres enfin est le centre d'un nombre considérable d'intéressantes excursions.

Bâties, comme nous l'avons dit, sur le penchant d'un coteau qui domine dans toute sa longueur une plaine brillante, les maisons de la ville semblent s'élever les unes au-dessus des autres ; le rez-de-chaussée de la maison située au milieu du village est en face du quatrième étage de la maison construite au pied du coteau. La grande rue traverse la ville au milieu de la hauteur. C'est là qu'est l'église, ancienne et grande construction, où quelques lignes d'architecture laissent deviner qu'elle fut bâtie à l'époque romane. A l'extérieur, plusieurs niches sans caractère déterminé ont excité la curiosité et exercé la controverse. On est allé jusqu'à dire qu'elles servaient aux catéchumènes ou qu'elles avaient servi de tombeau. A mon sens ces niches furent toujours des niches. Leur largeur et leur profondeur montreraient, si elles devaient montrer quelque chose de particulier, que les statues à y placer étaient démesurément grosses, ou que les architectes étaient démesurément inhabiles.

C'est encore dans la grande rue, que se trouve l'hôtel de Lesdiguières. Une chambre dite la chambre du connétable y est précieusement conservée.

Lesdiguières avait fait de Serres le camp des réformés pendant les guerres protestantes : il y avait placé ses munitions de bouche et de guerre; il y faisait reposer ses soldats fatigués, et de là en relation facile avec les réformés de la France à l'ouest, de Sisteron au sud, il communiquait aisément avec les troupes qui manœuvraient dans la partie haute de la région : à Tallard, à Gap, à Embrun et dans le Briançonnais.

Dans nulle autre province, peut-être, la guerre religieuse ne fut aussi vive ni aussi vivace, que dans le Dauphiné. Certains esprits surexcités ici comme en d'autres provinces, par la tyrannie des seigneurs plus que par l'idée protestante, se jetèrent avec impétuosité sur le prétexte de révolte que leur fournissait la querelle religieuse. En voulant secouer le joug de la religion catholique, c'était avant tout le joug des seigneurs catholiques qu'ils prétendaient briser. Mais ils rencontrèrent en face d'eux, parmi leurs compatriotes, des adversaires résolus qui ne voulurent pas plus trahir le Dieu du ciel que leur maître de la terre. Certaines villes et certains villages résistèrent pendant une durée de plus de trente ans, et pendant plus de trente ans la population de tous les points des Alpes fournit des recrues à l'armée catholique. Cette armée, hélas ! luttait contre des généraux trop habiles.

Lesdiguières dirigeait les opérations dans les Alpes, pendant que Montbrun engageait la lutte aux environs de Grenoble et de Die. Le premier but du « roi des montagnes », comme on appelait Lesdiguières, fut de s'assurer de Gap, qui au début avait été l'un des boulevards du catholicisme, et de dompter la ville de Tallard qui joignait au mérite d'être catholique, l'avantage de commander la route de Sisteron à Embrun par la Durance. Après quelques combats meurtriers, Lesdiguières affermit sa domination à Gap. Mais il ne put rien ou presque rien par sa vaillance ou son habileté contre la ville de Tallard. Ce ne fut qu'à la fin de la guerre religieuse, lorsque le meurtre de Henri III eut désorganisé les forces catholiques en France, et qu'il parut évident qu'Henri IV seul aurait assez de pouvoir et de force pour gouverner le pays, que les dernières armées catholiques des Alpes s'inclinèrent devant Lesdiguières.

Cependant, les échecs que subissait Lesdiguières devant Tallard n'empêchaient pas l'habile capitaine de poursuivre la lutte sur plusieurs points de la région à la fois. Au midi de Serres, près de Laragne, de Ribiers, il avait établi à Ventavon un point de ralliement et de ravitaillement. De Ventavon, il encourageait la constance des protestants de Sisteron contre les armées catholiques du duc de Mayenne et de la Valette; de là aussi, autant que de Serres, il opéra pour ruiner dans la belle vallée du canton d'Orpierre, les dernières forces catholiques. Grâce à son infatigable activité, il réussit à pénétrer dans Orpierre : il y affermit la domination protestante et en fit un si puissant boulevard que de plusieurs parties des Alpes, les prétendus réformés vinrent y chercher la paix et la protection qu'ils n'avaient plus ailleurs.

Les succès de Lesdiguières dans la partie inférieure de la région excitèrent ses efforts dans le Champsaur, l'Embrunais et le Briançonnais. Partout le roi des montagnes réussit. Le Champsaur demeura en sa possession pendant la longue suite des guerres; l'Embrunais fut tout à lui dès le début des hostilités, à l'exception d'Embrun dont il s'empara par trahison en 1585 ; il s'empara avec non moins de bonheur de la partie basse du Briançonnais. Quand l'avénement au trône de Henri IV fit cesser la guerre civile, Lesdiguières et les protestants exerçaient la domination de Sisteron à Briançon, de la vallée de la Durance à la vallée du Graisivaudan.

Le tumulte protestant dans les Alpes remonte à un fait historique trop fécond en conséquences pour qu'on ne me permette pas ici d'oublier encore un instant, l'originalité et les curiosités de la ville de Serres.

Vers le milieu du douzième siècle, les vices du paganisme renaissaient ; la force était la suprême puissance des pouvoirs civils ; la cupidité, l'impureté envahissaient les cours et quelquefois jusqu'aux marches des autels chrétiens. La richesse surtout, cet élément de l'existence humaine si difficile à gouverner, si dangereux entre les mains de tout homme, ne servait guère plus qu'à l'assouvissement des passions. Où trouver à cette sombre époque le désintéressement du riche et la résignation du pauvre ? Les seigneurs tentaient chaque jour d'élargir la coupe de leurs plaisirs, comme ils avaient pu par là même agrandir leur puissance de s'enivrer ; les pauvres, écrasés, abattus et excités par les désordres de leurs maîtres, se demandaient si le temps n'était pas venu pour eux de jouir à leur tour.

Cependant les chrétiens fidèles conservaient, dans leurs actes et leurs paroles, les traditions, les doctrines et les lumières évangéliques. Leur âme s'émut à la vue du mal des temps. Fait remarquable qui montre jusqu'à quelle profondeur la doctrine de Dieu est faite pour la paix et le bonheur terrestre de l'homme ! on vit alors sur tous les points du monde les hommes généreux et dévoués, travaillés d'une même pensée, agités d'un même désir, transportés par une même passion. Dans la chrétienté entière, les hommes les plus divers par la nationalité, par le tempérament, par les mœurs, s'écrièrent que la pauvreté volontaire était seule capable de redonner au riche la générosité, au pauvre le goût de l'honnêteté. Jésus-Christ avait conseillé la pauvreté à ses disciples; et il se trouvait qu'au moment le plus difficile du monde, c'était la pauvreté que l'esprit humain regardait comme l'unique moyen de pacification et de régénération. Je ne connais pas, dans l'histoire, d'hommage plus éclatant rendu par la raison humaine à l'infinie sagesse, et à la *divinité* des conseils de J.-C. !

Le besoin de la pauvreté volontaire était à ce point senti par les esprits les plus divers, les plus mondains et les plus pieux, qu'en 1160, un riche

Lyonnais, Pierre Valdo, ému par la mort subite de l'un de ses amis, ramassa tout son bien, le distribua aux pauvres, et prêcha à ceux qu'il secourait, la pauvreté volontaire. Pierre Valdo fut le père de la secte des Vaudois. Ne voyant dans la pauvreté que ce que son orgueil et ses idées lui montraient, il pratiqua le dépouillement volontaire à sa manière. Il sentit comme ses contemporains la nécessité de la pauvreté pour sauver le monde; mais il ne prit des conseils de Jésus-Christ que le sens extérieur : il fut pauvre dans ses habits et orgueilleux dans son cœur; et bientôt il parut que rien n'était moins désintéressé que son désintéressement. Lui et les disciples nombreux que l'idée de la pauvreté lui avait conquis, se drapèrent dans leurs haillons comme dans un vêtement fastueux : ils crurent avoir les vertus apostoliques parce qu'ils s'habillèrent à la mode des apôtres et qu'ils parcouraient les chemins les pieds découverts !

L'histoire des erreurs des Vaudois nous importe peu à ce moment : ils nièrent l'existence d'un sacerdoce attribuant les pouvoirs du prêtre à tout chrétien pieux, et durcissant leur cœur ils rejetèrent l'une des plus consolantes et des plus douces pensées de l'Église : la nécessité et l'utilité de la prière des vivants pour les morts. Mais en quels lieux portèrent-ils leurs erreurs ? Et comment les Vaudois préparèrent-ils les protestants des Alpes !

La doctrine de Valdo fut bientôt condamnée. Les réprobations des conciles se succédèrent les unes les autres. Cependant l'Église porta plus loin encore la condamnation. Afin de ne point exposer les chrétiens, entraînés alors à la pratique de la pauvreté par la nature même des maux qu'ils avaient à combattre, à s'émouvoir à la vue de la pauvreté des disciples de Valdo, l'Église condamna les doctrines vaudoises et opposa de vrais pauvres à ces faux pauvres. « Ce fut, dit Bossuet, citant l'abbé d'Ursperg, pour donner à l'Église de vrais pauvres, plus dépouillés et plus soumis que ces faux pauvres de Lyon, que le Pape approuva dans la suite l'institut des frères Mineurs rassemblés sous la conduite de saint François, vrai modèle d'humilité et la merveille de ce siècle. » Ainsi frappés, condamnés, les Vaudois s'obstinèrent dans leur pratique, augmentèrent le nombre de leurs erreurs et durent se retirer devant l'indignation publique. C'est alors qu'ils vinrent se cacher dans les plis des montagnes des Alpes. Ils envahirent les vallées du Briançonnais, de l'Embrunais et du Champsaur. Les Vaudois vinrent dans ces contrées malheureuses avec les déguisements, les hypocrisies et les dissimulations qui leur avaient à l'origine attiré tant de disciples et ouvert les portes de tant de maisons. Dans les Alpes comme dans le Lyonnais, ils continuèrent à se dire catholiques, à participer publiquement aux sacrements de l'Église ; mais ils conservèrent au fond de leur âme leur orgueil et leurs erreurs. Quand plus de cent ans après l'apparition de Valdo, l'idée protestante vint à surgir, il ne fallut à ces sectaires qu'une excitation pour les amener à grossir ou seconder les armées de Lesdiguières. L'excitation ne manqua pas : Guillaume Farel fut l'excitateur.

Guillaume Farel était un clerc gapençais que l'intempérance et la fougue de son orgueil firent apostat. D'une intelligence ardente, d'une imagination passionnée et brillante, les succès qu'obtint Farel pendant ses études à l'Université de Paris accrurent démesurément son orgueil et sa présomption. Les nouveautés protestantes commençaient à s'insinuer, à pénétrer sourdement en France. Farel se saisit d'elles : il les réfuta, puis les excusa; mais n'osant pas encore les adopter, il se réfugia auprès de l'évêque de Meaux, favorable, disait-on, aux erreurs de Calvin. Le temps détrompa bientôt ses espérances; l'évêque de Meaux, fidède à l'Église romaine, invita Farel à quitter son diocèse. Farel quitta la France avec le diocèse; il alla chercher en Suisse un lieu où il pût enfin jeter le masque qu'il gardait sur le visage. On vit bien alors, tout ce que l'apostasie donne de passion, d'obstination et de haine. De l'année 1524 à l'année 1562, date de sa mort, Farel épuisa ses forces à prêcher les doctrines calvinistes. Devenu l'ami et le disciple de Zwingle, il établit à Neufchâtel le centre de ses prédications. De là il parcourut tous les points de la Suisse et réussit à obtenir de Genève un édit favorable à la prétendue réformation. Ce fut grâce aux succès de l'éloquence populaire de Farel, que Calvin conquit le gouvernement de cette ville. Mais le clerc apostat n'avait pas oublié les montagnes du Dauphiné. Il y revint en 1561 et consacra à ses compatriotes les derniers emportements de sa parole. Quel effet ne durent pas produire en Dauphiné les prédications de Farel contre le clergé! C'était le moment où les nobles et le clergé se refusaient, contrairement aux traditions de la province, de prendre leur part des charges publiques, et où les hommes du tiers état faisaient éclater sur tous les points du territoire leurs plaintes contre les deux États privilégiés. Ceux qui ne tenaient point aux erreurs religieuses des Vaudois furent ainsi entraînés à suivre Farel, à participer aux émeutes qu'il préparait et soulevait, pour ruiner les prétentions des seigneurs.

Cependant la réformation ne pénétra pas avant

dans les cœurs. A peine les guerres religieuses furent-elles terminées que les erreurs vaudoises mêmes, jusque-là si tenaces, disparurent d'un grand nombre de vallées ; elles ne laissèrent bientôt plus de traces dans le pays.

Le protestantisme est presque mort aujourd'hui dans les Alpes ; il ne compte plus qu'un très-petit nombre d'adeptes réfugiés dans les montagnes qui séparent les Hautes-Alpes de la Drôme et particulièrement dans les villages de la Drôme.

Un ministre protestant, qui se rendait de Serres dans un petit village voisin, faisait route avec un habitant d'un charmant pays nommé la Piarre. Le ministre, homme sincère, amena la conversation sur les choses religieuses. Le paysan écouta :

« Votre religion catholique, lui disait le protestant, est bien pénible, vous avez la terrible obligation de la confession, vous avez la grave obligation de faire maigre le vendredi, vous avez l'ennuyeuse obligation d'assister aux offices de l'église, et à quelle pratique difficile tous ces obligations ne vous contraignent-elles pas ! Dans la religion protestante, au contraire, pas de confession, ni de vendredi, ni d'offices directement obligatoires. Dieu seul est le confident de nos pensées, c'est à lui seul directement que nous demandons le pardon de nos fautes. Notre religion est vraiment facile, elle ne coûte pas de peine. »

Le paysan écoutait toujours; il marchait la tête basse, les mains derrière le dos. A la fin, sans quitter sa posture, il tourna les yeux vers le ministre, et d'un ton de bonhomie il lui répondit :

« Ah! ce que vous dites là est bien vrai, monsieur le ministre; mais, voyez-vous, j'ai toujours entendu dire que ce qui ne coûte rien ne vaut pas grand'chose! »

Le sentiment de ce paysan est, je crois, le sentiment qui dans les Alpes a vaincu les erreurs des Vaudois et détruit la force des protestants!

CHAPITRE XVII

Sigottier. — Sa vallée. — Le partage forcé. — Le passage de Sigottier. — La Piarre. — Une noce.

Au nord de Serres, derrière le rocher qui surplombe les maisons de la ville, une étroite route longe un torrent profond. A mesure que le chemin avance, la vallée se retrécit ; ce ne sont plus que détours et zizgags, jusqu'à ce qu'à cent mètres devant soi, on aperçoive de hauts rochers séparés l'un de l'autre, à une très-grande hauteur, par une distance de huit à dix mètres à peine. Ce chemin est-il fermé, le lieu est-il désert? Si le voyageur fait quelques pas encore, il voit, à gauche de la route et au commencement d'une vallée nouvelle, une petite église blanchie à la chaux, et entrevoit en face de lui un horizon à travers les deux rochers. On est à Sigottier !

Sigottier, dans le passé, appartenait au gouvernement de Gap ; c'est là son histoire. Dans le présent, c'est l'un des plus curieux villages des Alpes.

Qu'on imagine une vallée de la largeur de cent mètres! Un torrent d'une étendue de six mètres en occupe le fond; sur la rive droite, une surface plate de cinquante ou soixante mètres est couverte de prairies; à gauche, après un espace de quinze à vingt mètres, rempli par des vergers ou des jardins, les constructions commencent avec le penchant rapide de la montagne. De là quatre maisons montent les unes à côté des autres sur le coteau. Tel est Sigottier! Tant le village est resserré dans une étroite vallée qu'en hiver le soleil réchauffe deux heures à peine les toits des maisons.

La longueur du village est de trois cents mètres. Montez encore, les terres plates disparaissent tout à fait; le torrent s'encaisse plus profondément. Il faut s'élever jusqu'à des hameaux lointains pour voir l'horizon s'élargir. Le penchant de la montagne cesse d'être un rocher abrupte et stérile; des champs de froment, de seigle ou d'avoine remplacent les pieds de buis et les maigres bouquets de chênes ou de fayards.

Vraiment l'aspect est beau, austère, gracieux, pittoresque. Les yeux s'y plaisent, mais les habitants y trouvent-ils les ressources suffisantes? Oui, et l'on nous montra des familles de paysans tout à fait à leur aise.

Cependant en présence d'une terre si étroite, où le sol est parcimonieusement proportionné au nombre des habitants, une invincible préoccupation attriste l'esprit.

Une famille de cinq personnes, le père, la mère et trois enfants, trouve à vivre dans les ressources de la petite propriété qu'elle possède. Elle récolte du froment, du seigle assez pour nourrir les hommes, elle ramasse du foin et de l'avoine assez pour engraisser quelques moutons et quelques porcs. Peut-être à l'aide de travaux supplémentaires pourra-t-elle faire un peu d'économie d'argent. La famille est à l'aise, mais à la condition absolue que les revenus de sa propriété lui soient strictement servis, que ni l'orage, ni aucune maladie des fruits, ni l'accroissement du nombre des enfants ne vienne diminuer la récolte ou augmenter les besoins. Tout à coup cependant le père meurt! L'aisance de la famille va-t-elle profiter de la disparition de son chef? Loin de là. Aussitôt après la mort du père, la propriété dont les revenus ramassés réussissaient à faire vivre sans pauvreté les cinq membres réunis, doit être, sur la volonté de l'un d'entre eux, rigoureusement partagée. La mère reçoit la part qui lui revient en vertu des stipulations de son contrat de mariage, et les enfants se divisent chacun des objets d'une nature différente qui constituent l'héritage paternel. La maison où cinq personnes pouvaient s'abriter est divisée ou vendue. Les bestiaux dont la laine et le lait nourrissaient et vêtaient cinq personnes sont partagés ou vendus. Les champs qui apportaient des céréales pour la subsistance de cinq personnes sont partagés ou vendus : tout est partagé ou vendu.

La mère prend alors une portion, les enfants une autre et chacun se retire dans cette portion qui lui est échue. Or, la portion qui lui est échue c'est la pauvreté. La famille qui réunie vivait à l'aise de ce qui formait le patrimoine, vit dans l'indigence de la part que nos lois du partage forcé lui attribuent. La part de maison, de champ, de prairie, de forêt, de bestiaux ne donne pas une ressource suffisante : chacun des membres de cette famille qui la veille vivait indépendant et dans la prospérité, doit le lendemain, se débarrasser de son bien, trop maigre désormais, pour aller louer ses services !

Tout le mal des lois qui partagent forcément le bien à la mort du père n'est pas là. Quand ce partage s'opère, que de frais au profit du Trésor et des officiers ministériels ! Je me souvenais, et l'aspect des étroites propriétés de Sigottier rendait ce souvenir plus saisissant, je me souvenais d'un calcul de mon illustre maître, M. F. Le Play : il avait compté les frais d'une succession de 950 fr.

au profit de deux orphelins. Or, les notaires, les huissiers, l'Etat avaient pris plus de 900 fr. et n'avaient laissé que 30 fr. environ, pour les malheureux héritiers.

Si, à ce mal, on ajoute la multitude de sujets de contestation qui naissent de la nature du partage ou de l'animosité des partageurs, si on se rappelle que, chaque année, le nombre des procès soulevés à l'occasion de la mort du père s'élève à presque la moitié des procès de tous genres intentés par les parties civiles, on reste saisi de stupeur. Les lois du partage forcé introduisent l'indigence dans les familles aisées, et la division dans les familles paisibles!

Le mal que je signale et qui me paraissait plus affreux devant les petites propriétés de la vallée de Sigottier, a été bien des fois senti : je cite volontiers ici ce qu'un préfet des Hautes-Alpes disait, dans la première partie de ce siècle, des communes, riches pourtant, du Champsaur.

Après avoir décrit l'intérieur d'une maison, M. de Ladoucette écrivait dans sa *topographie* des Hautes-Alpes : « Une maison telle que je viens de la décrire est celle de l'homme dans l'aisance. La plupart sont logés plus à l'étroit, surtout *depuis l'ordre actuel des successions*. Un bâtiment qui *servait naguère tout juste* aux besoins d'une seule famille va être divisé en trois ou quatre portions, où se forment autant de nouveaux ménages, tous gênés et tous misérables; ce qui exerce en outre sur la morale une influence désastreuse. Poussé par le besoin, le pauvre contracte souvent l'habitude du vol ; il se croit encore honnête, et déjà il prend du bois chez son voisin pour faire bouillir sa marmite, et quelques amas d'herbes pour nourrir sa chèvre et ses brebis. »

Tels sont les fruits de la loi des successions qui régit la transmission de nos propriétés depuis quatre-vingts ans! Et nous ne murmurons pas, et nous trouvons encore à cette loi désastreuse qui produit dans la fortune d'une famille plus de ravages que n'en pourraient faire dix tempêtes, je ne sais quoi qui satisfait notre humeur égalitaire! Le sentiment favorable à la loi du partage forcé est si profond que dans les pays pauvres où le mal est cuisant et douloureux, les victimes n'osent pas élever une plainte et demander un remède; elles ne sont préoccupées que de chercher un adoucissement à leurs souffrances!

J'ai eu plusieurs fois l'honneur, dans mon voyage des Alpes, de m'entretenir avec des personnages du département d'un esprit observateur, prudent et sage. Si j'avais obtenu l'autorisation de citer leur nom, mes réflexions auraient ici un grand poids. Ces personnes éminentes, véritables autorités morales et sociales dans la sphère où elles vivent, souffrent douloureusement du mal de la loi du partage forcé ! La première parole qu'elles laissaient échapper montrait la pauvreté, la ruine, les haines, à la suite des officiers ministériels qui viennent présider à la dispersion de la fortune paternelle. Ah ! cette loi est un grand mal !

— Vous voulez donc la renverser ?

Comme si ma question avait couvert d'une ombre l'esprit si clairvoyant de mes interlocuteurs, ils me répondaient aussitôt d'un accent adouci :

— Oh ! non, mais nous prenons contre elle toutes les précautions qu'il nous est possible de prendre. Nous ne pouvons jamais arrêter les contestations après la mort du père : nous les prévenons durant sa vie. Alors, nous engageons la famille à conclure un arrangement. Un partage secret se fait à ce moment et lorsque le père est mort, il se trouve que les enfants ont déjà la propriété des biens qui constituent l'héritage paternel.

Et l'un d'eux ajoutait : Cette sorte d'arrangement est maintenant assez commun dans nos contrées !

La route de Sigottier à la Piarre commence à la porte formée par les rochers qui semblent barrer le chemin lorsqu'on arrive de Serres. La chaussée entière a été creusée dans le roc, de leur côté, et les eaux du torrent qui longent la route se sont miné un passage dans la montagne.

L'inclinaison des rochers forme au-dessus du chemin et du torrent une porte triomphale, de laquelle pendent quelques bouquets d'arbres. Le passage de Sigottier est l'une des plus attrayantes curiosités des Alpes.

Quand on l'a franchi, la route monte en contournant un coteau aride; les eaux du torrent montent avec la route, elles baignent de ce moment; sur la rive opposée au chemin, une montagne boisée. Le paysage se continue ainsi jusqu'à ce qu'arrivé à un détour l'horizon s'élargissant, découvre des plateaux cultivés, et fasse surgir tout à coup à quelques kilomètres une haute montagne, terminée par une couronne de rochers grisâtres portant en avant un rocher élevé, taillé en pointe et nommé le mont Aiguille. La route continue dès lors entre le torrent bordé de saules des prairies de terrains marneux. Bientôt l'espace se rétrécit encore, mais pour conduire un instant après le voyageur devant une plaine variée, riche et gracieuse. La plaine a la forme d'un triangle : le sommet est à l'endroit d'où l'œil découvre la Piarre pour la première fois; la base, très-longue, est occupée dans sa longueur par les maisons du village, et les côtés sont formés par de hautes montagnes boisées. Sa position, séparée par la nature des villages voisins, fait de la Piarre une oasis charmante, abritée et cultivée. Quel dommage que l'homme habite là avec ses passions et ses défauts; il y serait si bien sans eux!

Nous arrivâmes à la Piarre le matin, un jour de noce. La plupart des habitants étaient en fête. Ils sortaient de la mairie qui est en face de la route. Les jeunes filles avaient leurs robes aux couleurs brunes et leurs fichus éclatants, les jeunes gens et les hommes portaient leurs habits neufs. Nous suivîmes la foule à l'église; lorsque la bénédiction nuptiale eut été donnée la messe commença, mais les jeunes gens quittèrent les mariés. Etait-ce par protestation contre les cérémonies religieuses? Non. Deux coups de pistolet tirés sous l'arche même de la porte, annoncèrent l'ouverture des réjouissances. On tira d'autres coups de distance en distance durant la messe; au moment où les mariés sortirent de l'église ce fut une véritable explosion. La plupart des jeunes gens avaient un pistolet et l'avaient fait partir à la fois au milieu d'une indescriptible acclamation. Dès ce moment, ce fut un joyeux et bruyant tumulte. On s'approcha de la mariée et du marié, on les embrassa, on s'embrassa réciproquement. Les coups de pistolets recommencèrent : les uns firent la farandole; les autres jouèrent aux boules; l'heure du repas sonna enfin.

Le repas se faisait à l'auberge. De grandes tables avaient été dressées : elles étaient couvertes de lourdes assiettes en terre, et hérissées de bouteilles. Dès la première bouchée, je devrais dire dès le premier verre, un entrain irrésistible s'empara de tous les convives. Quelle gaîté, quel rire large, franc et retentissant ! Ah ! je compris ce jour-là la valeur de la locution : il est à la noce ! Le repas fini, les jeux recommencèrent et peu à peu, quand parurent les premières ombres du crépuscule, les invités avaient disparu chacun de leur côté : il ne resta dans la nuit à l'auberge que ceux qui y seraient venus et y seraient restés sans l'occasion de la noce.

CHAPITRE XVIII

Les hôpitaux. — L'édit royal de 1662. — Ribiers. — Un salon. — Les Dados. — La grand'mère de mon ami.

On ne peut parcourir les anciennes vallées des Alpes sans heurter de tous côtés son regard à des ruines. Sur les plateaux, sur les sommets, on aperçoit vers tous les horizons des ruines de vieux châteaux ; dans la plaine, les ruines sont les restes d'anciens couvents ; si enfin on pénètre dans l'intérieur des bourgs, on voit à chaque pas des ruines de monastères ou d'hôpitaux.

Nulle région peut-être n'a compté dans son passé autant d'hôpitaux que celle des Alpes. La plupart des villages devenus chefs-lieux de cantons en avaient un. Les bourgs qui n'en avaient pas vivaient à l'ombre d'un monastère où la charité des religieux rendait inutile la fondation d'un hospice. Sur notre route depuis Grenoble nous avions vu des ruines d'hôpitaux, à Vizille, à la Mure, à Corps, à Saint-Bonnet, à Gap, à Serres; nous en vîmes encore à Rosans, à Orpierre, à Tallard, à Chorges, etc. Ainsi l'autonomie des habitants des Alpes était complète. Ils pouvaient vivre, grandir et mourir au milieu des leurs, croyant à la fraternité des hommes et secourus par les mains de ceux qu'ils avaient connus et aimés depuis leur enfance. Entre toutes leurs libertés et toutes leurs franchises, la liberté de souffrir et de mourir dans leur pays, devait être, j'en suis assuré, la plus douce aux Alpins.

J'aurai plus loin l'occasion de parler de l'organisation provinciale et communale des Alpes; mais, en vérité, je ne trouve rien de plus touchant et de plus digne d'imitation dans l'ancienne société de la France que la fondation des hôpitaux locaux. L'édit royal de 1662, signé de Louis XIV, par lequel il était ordonné à toutes les villes et à tous les gros bourgs du royaume de construire un hospice me paraît être l'un des plus grands actes du grand roi. La loi de la Révolution qui détruisit les hôpitaux fondés par la charité et la piété chrétienne, est la plus révoltante de ses lois. Turgot, ce ministre tant loué et qui a tant détruit, cet esprit ardent dans ses chimères, obstiné et absolu qui chercha la popularité dans l'impopularité comme cet Érostrate qui pour être célèbre se voua au mépris, Turgot, l'un des premiers, s'attaqua à la glorieuse et sublime institution des fondations locales. Suivant lui tant d'hôpitaux augmentaient la misère. Aujourd'hui que les hôpitaux sont renversés la misère a-t-elle disparu, les mendiants sont-ils moins nombreux ; et ceux qui souffrent, souffrent-ils moins cruellement ? Les révolutionnaires ont tari les sources de la générosité humaine, et cela parce que les lois qu'ils ont promulguées, l'organisation sociale qu'ils ont créée, et qui subsiste encore, a été faite pour une société où l'homme serait parfait, où il n'y aurait ni abus, ni douleurs.

Si j'avais à raconter et à décrire tous les incidents de mon voyage, j'aurais à écrire plusieurs volumes et je fatiguerais l'esprit du lecteur qui a bien voulu écouter jusqu'ici les cris d'admiration, de surprise ou de curiosité que les Alpes m'ont inspirés. Je dirai donc peu de chose de la charmante vallée qui de Serres mène à la ville de Rosans. Je laisserai le village de Montclus resserré sous des noyers entre une gorge de montagne, d'une longueur de cinq cents mètres. Je ne dirai rien de Lepive, petit pays à qui la pauvreté de ses terres prête un air pittoresque ; je saluerai en passant Rosans, autrefois ville considérable, aujourd'hui séjour très-agréable, dont les ruines de ses châteaux et de ses monastères sont curieux à visiter. Je suis demeuré plusieurs jours à Rosans et dans ses environs, j'ai regretté de les quitter ; tout voyageur qui étudiera l'histoire de cette ville et de ses vallées, emportera d'intéressants et charmants souvenirs.

Je ne dirai rien non plus des vallées qui au sud de Serres aboutissent au Buech. A droite, en descendant, je n'entrerai pas dans la vallée d'Orpierre ; je ne visiterai pas ce chef-lieu de canton, citadelle des protestants, où les ruines, les rochers, les traditions rendent à chaque pas hommage à la générosité des catholiques. Je traverserai en passant le canton de Laragne bien situé, bien bâti, où les maisons et les hommes ont un air tout à fait citadins, où l'on trouve toutes les ressources et tous les agréments désirables. A gauche, sur ma route, je verrai rapidement au loin le territoire de la commune de Ventavon. Au surplus, le principal fait historique de Ventavon est le camp que Lesdiguières y avait établi pendant la guerre religieuse ; et l'honneur le plus élevé qu'il ait reçu dans le temps présent est d'avoir donné son nom à un sénateur : M. C. de Ventavon qui, à force d'esprit, de netteté et de sagacité, a conquis une situation éminente parmi les hommes politiques. Je courrai encore en fuyant sur la route qui de Laragne conduit à Ribiers le long du Buech. Peu à peu j'entre dans la plaine, les montagnes s'éloignent, les amandiers bordent la route, les sarments des vignes descendent sur les fossés du chemin. La chaleur devient vive, la lumière augmente d'éclat : nous ne sommes pas loin du midi : nous arrivons à Ribiers !

Ribiers tire son nom du mot latin *ripæ*, rives. Jamais nom ne fut mieux porté. Le village domine de loin les bords d'un torrent. A l'est, le Buech qui mériterait ici par son étendue de prendre le nom de rivière, couvre un espace immense des pierres qu'il a roulées depuis sa double source. Au nord, un torrent dans lequel de hautes montagnes ravinées versent leurs eaux, s'est creusé un lit profond ; au midi, et un peu éloigné des dernières maisons du village, un autre torrent longe de très-agréables et très-féconds vignobles. Mais, à l'ouest, une large plaine s'élève vers la montagne par une pente douce et cultivée.

Le village de Ribiers est fort agréable. La place est grande, ornée d'une fontaine monumentale aux eaux vives, claires, délicieuses. De belles maisons ombragées par de hauts platanes lui donnent un air coquet. La vieille église en occupe l'entrée. Dois-je nommer aussi les cafés et les auberges qui, en trop grand nombre, hélas ! retiennent au jeu ceux qui devraient être au travail ? Il me semble que les cabarets amoindrissent un pays, qu'ils lui ôtent les charmes de la vie réelle pour lui en procurer de factices, et que ces charmes factices amènent l'oubli des mœurs et des traditions qui sont l'originalité et l'honneur d'une contrée ! Mais il ne s'agit ici que de constater l'agrément du pays, et l'on ne peut s'empêcher de reconnaître, à ce point de vue, que la place de Ribiers serait digne d'une ville plus grande et plus riche !

Il existe à Ribiers, — chose absente d'une foule de pays, — un vrai salon de causerie fine, spirituelle, où tout événement littéraire est apprécié, où l'on connaît les œuvres du jour autant, sinon mieux qu'on ne prétend les connaître sur les boulevards de Paris. Tenue tour à tour chez l'une ou l'autre des familles considérables qui se partagent l'estime des habitants, rien n'est plus gracieux, plus animé, plus intéressant que ces réunions de quelques esprits d'élite instruits, charmants, enchanteurs, qui possèdent toutes les ressources de l'art de causer. Si les dieux devaient un jour me livrer à la vie de la campagne, je souhaiterais de trouver dans mes relations, des intelligences aussi ornées que celles de la société de Ribiers, et des réunions où les choses de l'esprit et du cœur fussent aussi avidement étudiées et aussi sûrement appréciées.

Un heureux hasard nous fit rencontrer dans cette société d'élite l'un de nos plus fidèles amis d'enfance. Il voulut être notre guide; il nous montra dans les monuments, dans les ruines, dans les noms, dans les traditions, les traces des passages successifs des Lombards, des moines de Lérins, des Maures, des Templiers. Lorsque nous fûmes assez demeurés dans les souvenirs du passé, notre excellent ami nous fit parcourir les champs, les vignes et les montagnes. Le fusil sur l'épaule, nous visitâmes les environs de Ribiers : la plaine couverte de saules qui est située au-dessous du village et qui se nomme « les îles »; la plaine qui est au-dessus des dernières habitations et qui se nomme « les prairies » : lieux fertiles pour le paysan autant qu'agréables pour le chasseur et le flâneur. Mais ce que je ne saurais oublier de nos mille excursions, fut la visite d'adieux que mon ancien condisciple fit à sa grand'mère.

Sa grand'mère habitait à une heure au-dessus de Ribiers et presque au sommet de la montagne, un hameau nommé les Dados. On y arrive par un sentier montant et malaisé, qui souvent longe des précipices. Par endroit, le sol rougeâtre n'est fait que de petites pierres qu'arrêtent çà et là des touffes de lavande. Quelques amandiers, à côté de quelques chênes-rouvres complètent l'ensemble des agréments de ce pénible chemin. Déjà nous étions impatientés par la longueur et les zigzags de la route lorsqu'à cent mètres devant nous, nous découvrîmes soudain quatre ou cinq maisons réunies. Les pierres des murs sont noires et grisâtres, les fenêtres étroites : ce sont les Dados !

La grand'mère de mon ami revenait de la fontaine au moment où nous arrivions. La pauvre femme, droite malgré son âge avancé, était à demi aveugle : elle distinguait encore la lumière de l'obscurité, la nuit du jour, mais elle avait perdu la faculté de discerner les objets. Cependant, elle allait et venait sans danger à travers les chemins des Dados et jusqu'à la fontaine qui coule à plus de cent mètres au-dessous des habitations. Mon ami accourut au-devant d'elle aussitôt qu'il l'aperçut. Mais la pauvre femme, voyant approcher une ombre qu'elle ne pouvait distinguer, s'avançait sans empressement : si elle allait se tromper ? Ah ! lorsqu'elle sut bien qu'elle avait devant elle son petit-fils, avec quelle joie, avec quelle tendresse elle le serra dans ses bras amaigris. « Mon beau petit ! disait-elle dans le patois du pays, et te voilà ! Et qu'il y a longtemps que tu n'étais pas venu ! Es-tu bien portant? as-tu des nouvelles de ta mère, de ta femme, de tes enfants ? Oh ! ces chers petits, que je voudrais les voir ! Te ressemblent-ils ? Ah ! quand tu étais jeune, tu étais rose et rond, et tu me disais toujours : « grand'mère ! » La pauvre femme aurait continué ainsi de longues heures ; nous la tirâmes de l'ivresse de sa joie. Mon ami, après avoir répondu avec effusion aux questions de sa chère grand'mère, lui dit qu'il avait amené avec lui un de ses vieux amis, que nous avions besoin de nous reposer et de prendre un repas. « Ah ! mon cher petit, lui dit-elle à ce mot, venez, venez vite, mais tout ce qui est à moi, tout ce qui est dans la maison vous appartient. » La pauvre femme était si émue qu'elle ne prit garde à l'étranger, et vraiment j'aurais regretté de la distraire de son émotion.

Nous entrâmes aux Dados. Je voulus dormir, suivant l'habitude des paysans en été, dans la paille des granges. J'aurais parfaitement reposé si au milieu de la nuit je n'avais été réveillé par un faible grignotement qui se faisait entendre près de mes oreilles. Bientôt, je discernai distinctement les pas de plusieurs petites bêtes qui marchaient à mes côtés, lentement, à leur aise ; je sentis un instant, je ne sais quoi de vivant qui frôlait le drap de lit dont je m'étais enveloppé ; tout à coup un petit cri se fit entendre. O horreur ! j'étais entouré de rats ! Je me levai en sursaut : une véritable armée de rats se précipita vers toutes les issues de la grange !

Lorsque le matin on me demanda si j'avais bien dormi je répondis que j'avais été un peu réveillé. « Ah ! monsieur, me dit le brave homme à qui je répondais cela, je ne savais pas que les rats pussent contrarier votre sommeil ; si je l'avais su, je vous aurais bien dit que nos granges en sont assez bien fournies. »

La grand'mère s'était levée la première; elle avait préparé « le café » de son « cher petit » : elle avait, à travers le brouillard de ses yeux, arrangé toutes choses avec grand ordre, grande propreté, grand luxe. Après le déjeûner où la bonne femme était tout entière à sa joie, je vis comme une ombre de tristesse descendre tout à coup sur son visage. Son petit-fils en fut frappé plus que moi : il redoubla d'attentions, de prévenances; il chercha parmi ses souvenirs, les plus riants et les plus heureux; il parla de son cher Jean, de sa chère petite Marguerite : « Ah ! grand'mère, vous serez si heureuse de les voir : ils vous aimeront comme je vous aime, de tout mon cœur, et ma femme, qu'elle sera contente de venir vous embrasser ! » Ces paroles firent à peine sourire la grand'mère : « Tes chers petits, ta chère femme, mon pauvre ami, je ne les verrai pas; et si tu tardes de revenir, je ne serai plus ici. — Où serez-vous donc, grand'mère ? reprit en riant mon ami, irez-vous à... — Je serai morte ! » La pauvre femme prononça ces paroles avec un tel accent de regret que nous en fûmes émus : une larme mouilla nos yeux. « Non, je ne vous verrai plus, reprit-elle avec amertume, je le sens ; mes forces s'épuisent, ma gaîté s'en va, la lumière s'efface : je ne suis plus bonne à rien, je suis à charge à tous. Allons, ajouta-t-elle, c'est le destin ; chacun à son tour. » « Mon pauvre petit, je te fais de la peine, reprit alors la grand'mère ; si tu savais comme je prie souvent Dieu pour toi, pour tes enfants, pour ta femme. Oh ! qu'il ne vous arrive jamais rien de malheureux ; que tes enfants t'aiment toujours, mon cher petit, qu'ils aiment bien leur mère ! » « Êtes-vous heureux ? reprit-elle tout à coup. — Mais oui, grand'mère, nous sommes très-heureux et nos enfants vous aiment. — Ah ! que tu me fais plaisir ! j'ai tant prié pour vous ! Vois-tu, mon cher petit, tu vas me quitter, nous ne nous verrons plus sur la terre ; je te demande une chose : quand tu apprendras ma mort, prie, prie souvent pour ta grand'mère. »

Nous essayâmes de distraire la chère grand'-mère de ses tristes pensées ; je me mêlais à la conversation pour en détourner le cours. Avec une politesse douce, affectueuse, la pauvre femme répondait à mes questions : mais elle revenait aussitôt à l'idée qui dominait son esprit : « Oui, mon cher petit, répétait-elle à chaque instant.

Vois-tu, quand tu apprendras que ta grand'mère est morte, prie pour elle : j'ai tant prié pour toi et pour tes chers petits ! »

Le moment du départ arriva, la grand'mère voulut nous accompagner jusqu'à la croix du hameau. Mon ami lui donna le bras : elle parla encore de ses chers petits, de leur bonheur, de leur avenir : « Ah ! disait-elle à chaque instant, j'ai tant prié pour vous ! »

Il était neuf heures du matin, le soleil éclairait d'un éclat éblouissant le merveilleux paysage qui s'étalait à nos pieds. Nous arrivâmes à la croix : « Allons, grand'mère, il faut nous dire adieu, je reviendrai bientôt vous voir. — Ah ! mon cher petit, dit la pauvre femme suffoquée, que la volonté de Dieu soit faite ! » Je vis à ce moment à l'effort de ses yeux, qu'elle essayait de percer le nuage qui arrêtait sa vue : elle dirigea avec amour sur mon ami ce qui avait été autrefois son regard et elle lui dit d'un ton simple, grand, religieux, patriarcal, que je ne saurais rendre et que je n'oublierai jamais : « Vois-tu, mon cher petit, quand tu apprendras ma mort, prie, prie pour ta grand'mère; et elle ajouta avec une inexprimable tendresse et la voix entrecoupée de larmes : « Moi, je prierai toujours pour toi, pour tes chers petits, pour ta femme. Dieu éloigne toujours de vous tous les maux ! » Mon ami embrassa sa grand'mère en pleurant, et, se tournant vers moi, il me prit violemment la main : il éclata en sanglots. Nous descendîmes le chemin. Un moment après nous nous retournâmes pour voir si la chère grand'mère avait repris le sentier de la maison ; elle était là-haut, dans le rayonnement de la lumière, debout au pied de la croix, le visage tourné de notre côté, les mains jointes, et les yeux au ciel : elle priait !

CHAPITRE XIX

Les trois routes historiques des Alpes. — La Saulce. — Les Marseillais. — Tallard. — Son château. — Son église.

Du haut des Dados, toute la partie basse des Alpes s'étalait à nos pieds. A droite au loin, à l'extrémité de la chaîne des montagnes sur laquelle le hameau est placé, on apercevait l'horloge de la forteresse de Sisteron et l'étroit passage où la Durance reçoit les eaux du Buech; à notre gauche, au loin aussi, nous revoyions Antonave, Châteauneuf des Chabres, Laragne; en face, au delà de Ribiers, du plateau de Mison et du Poët, nous distinguions les plaines au milieu desquelles coule la Durance, — vastes plaines terminées par une suite de sombres et profondes vallées parallèles! Dans cet espace immense, éclairé déjà de la lumière du soleil du midi, deux grandes routes tracent leur voie!

La grande importance dans l'histoire, de la partie de la France qu'on nomme aujourd'hui les Hautes-Alpes, lui est venue de ceux de ses chemins qui conduisent en Italie. Ces chemins sont commodes, aisés, faciles, et le col du Mont-Genèvre où ils aboutissent est le moins pénible à traverser des cols qui mènent au delà des monts. En même temps, ces routes sont les plus courtes pour les voyageurs qui vont au midi ou en reviennent. Tous les conquérants, tous les envahisseurs les ont parcourues, gardées et fortifiées. Annibal y passa lorsqu'il allait porter la guerre dans Rome; les Gaulois y passèrent lorsque Brennus alla ravager le Latium; les Romains y vinrent à leur tour et y bâtirent des fortifications. C'est en traversant les routes des Alpes que César dit, à la vue d'un modeste village, cette parole que tout homme comprend quand il a respiré dans l'indépendance un air pur : « Je préférerais être le premier dans ce pays plutôt que le second dans Rome. » Après les Romains, les Lombards s'emparèrent de nos routes, et quand les Sarrasins venus du midi eurent quitté notre sol, les Templier et les Seigneurs élevèrent à l'envi des châteaux-forts pour tenir et posséder les défilés et les chemins qui commandent les passages de l'Italie. Les châteaux dont on rencontre les ruines à chaque pas dans les Alpes, n'ont pas été construits par la tyrannie : ils attestent avant tout l'importance des routes et des chemins qu'ils dominent.

Les Hautes-Alpes avaient trois routes principales. Deux partent de Sisteron : l'une, celle qui suit la Durance, est la voie directe qui conduit au col du Mont-Genèvre, elle passe à la Saulce, à Tallard et à Savines ; l'autre mène à Grenoble, elle passe à Ribiers, Laragne, Serres, Aspres-les-Veynes, Lux la Croix-Haute. La troisième route, la plus importante parce qu'elle conduit dans la vallée du Rhône, part d'Orange, passe à Rosans, à Serres, à Veynes, à La Roche, à Gap, à Chorges, et va rejoindre à Savines, la route directe d'Italie qui monte le cours de la Durance. De Savines jusqu'à Suze les deux routes n'en font qu'une; encaissée dès cet endroit dans les profondes vallées de l'Embrunais et du Briançonnais, elle passe à Embrun, à Châteauroux, au Mont-Dauphin, à l'Argentière, à Briançon. C'est la voie par laquelle la plupart des invasions sont venues ravager le midi de la France.

Nous quittâmes Ribiers pour prendre la vallée de la Durance. Nous traversâmes les eaux du Buech à cheval; nous passâmes au pittoresque village de Mison, bâti au milieu de la plaine sur un roc élevé. Les belles ruines du château regardent l'horizon de tous côtés, au midi, au nord, à l'est, à l'ouest. Le seigneur qui l'habitait était la sentinelle chargée de jeter le cri d'alarme aux habitants de la région supérieure des Alpes. Au pied du roc de Mison, sur la rive gauche du Buech, la plaine est couverte d'une forêt de petits chênes, où, dit-on, les porcs découvrent des truffes délicieuses. Bientôt, le Poët montre les toits rouges de ses maisons; on descend une pente insensible : nous étions dans la vallée de la Durance. La route devient belle et spacieuse : elle court à travers les terrains cultivés. Après quelques heures nous arrivions à la Saulce.

La Saulce est un riche village resserré entre les eaux de la Durance qui rongent le pied de ses maisons, et un rocher presque à pic dominé par les ruines d'un château. Tout autour des habitations, les coteaux sont garnis de vignes opulentes, qui fournissent un vin blanc clairet, doux et mousseux, recherché des gourmets de tous les pays. De grasses prairies, dont le terrain a été conquis sur la Durance par l'industrie des habitants, achèvent l'ornement et la richesse de cet important village. Les paysages de la Saulce sont très-variés et pittoresques !

Les habitants de la Saulce racontent à leur honneur une histoire que je me garderais d'omettre. Au commencement de ce siècle, les Marseillais s'arrogèrent la prétention de venir.

imposer aux habitants des Alpes, je ne sais quel enthousiasme pour les institutions césariennes dont l'empereur Napoléon 1er jetait les fondements sur notre terre française. Ils partirent en assez grand nombre, montèrent la Durance, passèrent sans encombre à Sisteron, dépassèrent le Poët; ils se croyaient déjà les maîtres de Gap. Mais, arrivés à la Saulce, les habitants leur signifiaient, à leur grande surprise, qu'ils eussent à s'en retourner. Les Marseillais, enhardis par leurs précédents succès, répondirent avec insolence à cette menaçante invitation et tentèrent de passer. Les habitants de la Saulce montèrent aussitôt sur le rocher qui domine leur village : ils décrochèrent les pierres de la montagne, et au moment où la petite armée des Marseillais passait en bas sur l'étroit chemin resserré entre le rocher et la rivière, ils lancèrent sur eux une avalanche de rochers. Les Marseillais ne purent fuir : la plupart furent écrasés, les autres se noyèrent dans la Durance; quelques-uns à peine, ceux qui au moment de la chute des pierres n'étaient pas encore engagés dans la route, se félicitèrent de pouvoir reprendre le chemin de leur pays !

Tallard est à quatre kilomètres de la Saulce en amont de la Durance. Un kilomètre avant d'arriver à cette ville, on quitte la grande route qui s'élève par des plateaux successifs jusqu'à Gap. De ce point un chemin relativement étroit mène les voyageurs : c'est là tout le reste de la route capitale des Alpes. Les ruines d'un immense château situé entre la plaine et la montagne s'élèvent à ce moment au-dessus des noyers. A l'entrée de Tallard, les débris puissants encore des vieux remparts achèvent l'idée que la position de la ville et celle du château donnent au premier aspect, du rôle important que le lieu où l'on entre a joué dans le passé.

Tallard, en effet, a été dans le passé l'une des villes les plus actives et les plus renommées des Alpes. Tour à tour de la Provence et du Dauphiné, dominée successivement par des seigneurs indépendants, par les religieux Hospitaliers et leurs successeurs laïques, cette ville jeta un grand éclat pendant les guerres religieuses. Dans ces temps difficiles elle défendit, avec une constance magnanime, sa foi catholique : ses consuls montrèrent une admirable vigilance, ses capitaines une surprenante habileté, ses habitants une invincible ardeur. A la mort de Henri III, quand après plus de vingt ans de lutte Tallard ouvrit ses portes à Lesdiguières, elle n'était pas vaincue : elle cédait volontairement aux circonstances; elle méritait par sa valeur le respect absolu de ses droits, de ses libertés et de ses franchises communales.

Les habitants de Tallard sont fiers de leur ville. Ceux que j'ai eu l'honneur de voir et parmi les quels je cite avec reconnaissance M. Carle, juge de paix, M. Truphème, conseiller municipal, et M. l'abbé Charras, curé, joignent à ce juste sentiment d'orgueil, le culte des glorieuses traditions de la ville. C'est au milieu des Tallardiens que j'ai pu voir combien le souvenir des institutions municipales de ce qu'on nomme « l'ancien régime » fait aimer la liberté, l'autonomie, l'indépendance. Il y a parmi ceux d'entre eux qui ont parcouru les archives de la commune, un regret profond de la souveraineté que leurs ancêtres exerçaient sur les intérêts communs. Pourquoi ne ferions-nous pas aimer la liberté et détester les institutions révolutionnaires, chacun dans nos communes, en mettant sans cesse le présent en regard du passé, en comparant cette souveraineté du peuple dont on jouit aujourd'hui, qui ne s'exerce que pour créer un parlement aveugle et despotique, et cette souveraineté des intérêts que nos pères tenaient et gardaient au profit de leurs communautés et de leurs avantages particuliers! On ne le sait pas assez. La France est devenue la France grâce aux soins et aux inquiétudes que l'organisation sociale de l'ancien régime laissait à chacun pour ses avantages communs et personnels. Les autorités politiques du pays, loin de vouloir tout régir, de tout prescrire, abandonnaient aux habitants le soin de leurs affaires propres. Les seigneurs despotiques ne mettaient un frein aux libertés que pour augmenter les impôts. Mais tant l'habitude de se gouverner avait donné le besoin de l'autonomie, les habitants payaient l'impôt et gardaient la liberté ! Où est aujourd'hui le goût de la liberté ! Nous vivons par l'organe de nos maires, de nos préfets, de nos députés et de nos ministres !

Tallard garde plusieurs témoins de son glorieux passé : son château, ses remparts, son église.

Le château est en ruines, ruines immenses, par endroits imposantes. A l'extrémité de la plaine où la ville est placée, une colline s'élève tout à coup et sépare les habitations de la Durance. C'est là, sur cet étroit espace, qu'est le château. Du village on y monte par une pente insensible ; du côté de la rivière, le roc est à pic et d'une hauteur vertigineuse. Les murs de la façade de l'entrée sont épais, percés par des meurtrières. C'est un contraste désolant de voir les murailles dont la force raconte à elle seule une glorieuse histoire, maintenant décrépies s'en aller pierre par pierre ; les enfants de Tallard prennent pour leurs jeux, les galets, les moellons que leur main peut arracher. La porte d'entrée est misérable : elle est en bois blanc garni de clous ; le temps en a rongé le contour, et l'espace qui la sépare du sol laisse librement passer les chiens et les chats qui, avec les hiboux et les hirondelles, sont devenus les hôtes familiers de l'ancienne demeure des Hospitaliers, des Clermont et des Trian. Mais quel aspect saisit tout à coup le regard lorsque la porte a roulé sur ses gonds rouillés ! En face, à l'extrémité des constructions, des murs noirâtres troués par des fenêtres vides qu'entoure une pierre blanche montent à une hauteur gigantesque : ils sont déchirés dans toute leur hauteur par une fente terrible, et penchent sur les abîmes qu'ils surplombent à gauche. Dans l'un des coins, à cinq mètres du sol, une tour qui accompagne les murs jusqu'à leur sommet, a perdu, corps sans âme, ses escaliers. Un arbre croît à l'endroit où fut la porte ; des herbes sauvages poussent entre les jointures délabrées des pierres de ses lucarnes. Le lierre, plante amoureuse des ruines, est ici effrayé par les menaces de ces restes terribles et grandioses ; il n'ose monter que dans les coins placés à l'abri qui regardent la cour du château et le soleil levant. Lorsque la bise passe à travers les croisées vides, qu'elle agite les herbes des murs et qu'elle emporte une pierre ou un morceau de plâtre, son sifflement, qui se mêle à un grondement lugubre, rend un son qui semble sortir de la tombe, et fait songer aux cadavres des héros dont l'orage se joue le lendemain d'une bataille. Qu'il devait être grand et fort le château de Tallard au xe siècle !

Depuis cette date de nouvelles constructions y ont été ajoutées ; mais les nouveaux bâtiments sont en comparaison si petits et si faibles qu'ils paraissent n'avoir été élevés que par la peur ou la défaite. Tout à coup, en effet, les toits s'abaissent au tiers de la hauteur des vieux murs en ruine. En même temps le style change. A la place de la ligne austère, à peine courbée, qui donne naissance au style roman, les portes et les fenêtres sont ornées de la ligne douce et gracieuse qui marque le triomphe de ce style plein de piété et de recueillement. A la différence des lignes on reconnaît la différence des temps. Quand les seigneurs de Tallard élevaient au pied des grands murs les constructions romanes, le calme avait succédé à la guerre ; le christianisme avait dompté les mœurs farouches des barbares.

A mesure qu'on se rapproche de la porte d'entrée le style change encore sans transition, les ornements de pierre passent du roman à la dernière époque du gothique. En vérité, la chapelle du château de Tallard est l'un des monuments les plus curieux du style flamboyant ! La porte ogivale de la chapelle est à deux battants séparés par une colonne torse. Le tympan orné des *flammes* du style est entouré d'un double encadrement de fleurs et d'anges qui s'appuie sur quatre colonnettes d'un effet gracieux quoique un peu recherché. Tout à coup, une flèche partie des deux côtés de l'ogive va porter entre deux fenêtres une croix de feuillage : la croix entière s'avance en relief; cependant à l'endroit de la tête une feuille d'acanthe se détache horizontalement et forme un réservoir où les oiseaux viennent boire l'eau de la pluie. La porte, la flèche, les deux fenêtres sont flanquées de pilastres à facettes dans lesquels sont creusées des sortes de niches, et qui diminuent de grosseur jusqu'à leur dernière hauteur. Mais ce qui frappe le plus dans l'arrangement extérieur de la chapelle du château de Tallard est le clocheton placé sur le toit, au-dessus de la porte d'entrée. Le clocheton est un bloc carré, à peine percé des quatre côtés et orné à ses coins de colonnes non pas torses, mais cordées tant l'effort de la pierre qui contourne paraît laborieux. Au-dessus de ce carré, un Père Éternel à longue barbe abaisse tendrement son regard sur sa poitrine où s'accomplit le mystère de la rédemption. Dans le corps même du Père éternel et sous un large manteau, Jésus-Christ tout entier est en effet sur la croix; le Saint-Esprit plane sous forme d'une colombe entre le regard du Père et le supplice du Fils. Dans la même sculpture, le sculpteur a représenté le mystère de la Trinité et celui de la

Rédemption. L'intérieur de la chapelle n'est pas moins original. Au fond et au-dessus de la place où fut l'autel, car, hélas ! aujourd'hui la chapelle est délaissée comme le château, une immense rosace laisse pénétrer les rayons du soleil couchant à travers les contours de pierre qui servaient d'encadrement aux vitraux. A gauche et à droite de l'autel, d'immenses cheminées placées dans l'épaisseur des murs servaient à chauffer les assistants. Au-dessus de la cheminée de droite, une croisée condamnée maintenant était la tribune d'où le seigneur de Tallard entendait les offices.

Qu'on me permette d'exprimer ici un regret et un vœu.

La chapelle du château de Tallard mérite un sort meilleur que celui qui la frappe aujourd'hui. Sans nul doute, la commission officielle chargée de protéger les monuments du passé dignes d'attention et de souvenir n'a point encore visité ce reste, l'un des plus curieux de l'art gothique flamboyant : elle conserve ou fait conserver des édifices moins finis, moins gracieux, moins curieux, moins dignes d'être conservés pour l'histoire de l'art. Le clocheton et le Père éternel, la porte avec cette recherche et cette originalité d'ornement sont des monuments rares.

Du château, nous descendîmes à l'ancienne

garenne où les seigneurs s'étaient réservé le droit de chasse. Puis nous rentrâmes dans le village et nous visitâmes l'église.

L'église, comme le château, porte dans sa construction la marque de deux époques différentes : la première remonte aux onzième et douzième siècles, la seconde au seizième siècle. Du premier temps il reste la porte d'entrée ornée des fleurs simples et pures de l'art gothique, et quelques médaillons montrant à côté des patrons de l'église, le seigneur et la dame de Tallard qui aidèrent à la fondation de l'église. L'époque de la Renaissance au contraire a tout envahi, les sculptures et les tableaux. Au-dessus du maître autel, un tableau représente Jésus mourant sur le calvaire ayant à sa droite la Sainte Vierge et à sa gauche saint Grégoire de Tallard en habits pontificaux. Entre chaque fenêtre de la nef principale plusieurs tableaux rappellent, dit-on, divers incidents du mariage de l'un des seigneurs de Tallard. La peinture est maniérée, et l'action des personnages autant que leur façon de s'habiller ou de se déshabiller, serait mieux dans un musée. A l'entrée de l'église, un baptistère monumental représente le baptême de Notre-Seigneur par saint Jean. Les peintres modernes ont couvert les contorsions des personnages, de couleurs criardes.

CHAPITRE XX

Testament d'Augustin de Montbrand. — Les nobles au XIVe siècle. — Les biens d'église.

Les ruines ont un charme pénétrant; symboles de notre existence, nous les interrogeons comme pour demander à ces témoins du passé le secret de l'avenir, et pour recevoir d'elles une part de la force avec laquelle elles ont vaincu le temps. Quelle séduction, d'ailleurs, n'exercent-elles point sur l'esprit et le cœur de l'homme! Nous plaçons notre bonheur dans les souvenirs; les ruines sont des souvenirs vivants auxquels le mystère communique un attrait irrésistible. Devant les ruines, devant les ruines de nos jours surtout, nous aimons à nous dire qu'elles ont assisté à des temps meilleurs que les nôtres, qu'elles ont vu dans son éclatant épanouissement la gloire de notre pays, qu'elles ont abrité des hommes puissants par toutes les forces du corps et de l'âme. Nous goûtons alors avec l'amertume de croire que cette race d'hommes a disparu, le sentiment mélancolique de lui survivre, de voir les débris de ses œuvres, de fouler ses cendres. Il y a cependant mieux que cela à faire, il faut faire revivre en nous la force qui donna à nos ancêtres le pouvoir de fonder des souvenirs immortels.

L'aspect des ruines de Tallard nous entraîna vers l'histoire de la ville, de ses châteaux et de ses hommes. Cette recherche ne fut pas vaine : l'organisation de la ville de Tallard était grande et forte entre toutes les organisations municipales; mais ce qui nous émut, fut la lecture d'un testament écrit au XIVe siècle.

Le testament est l'acte le plus solennel de la vie : il se fait en présence de la mort, avec la crainte de la justice divine. En l'écrivant l'homme s'élève au-dessus de la terre, de ses passions, de ses ambitions, de ses rêves; il quitte le temps, il entre dans la région des choses immuables, il prend le rôle d'ancêtre, ne gardant de son séjour au milieu du monde que l'affection pour les siens, affection purifiée et éclairée par la justice. Quand une fois dans la vie, l'homme qui peut disposer de ses biens a jugé longuement, mûrement les choses de la terre comme si elles ne lui appartenaient plus, comme si elles ne lui étaient pas nécessaires, tenant ainsi le rôle de la Providence qui distribue tout sans attendre de faveur que le bonheur des hommes, ses inspirations deviennent plus pures, ses actes plus nobles, son amour plus profond : il se trouve digne de la mission qu'il doit remplir ; il dirige ses enfants, ses proches et ceux qui l'entourent vers la région de l'honneur et du devoir.

Le testament d'Augustin de Montbrand que nous allons publier montre à chaque ligne la haute préoccupation d'un esprit assuré déjà que la vie de la terre ne doit être que la préparation à la vie divine. Nous le transcrivons presque en entier. C'est un tableau du cœur humain tel que sait le faire et le transformer l'idée de l'éternité, en même temps qu'une esquisse de la société au XIVe siècle [1].

Augustin de Montbrand débute en ces termes :

I

A l'honeur de la vierge Marie.

Au nom de Dieu soit il amen sachent tout presant et avenir : qu'auiourdhui dizeseptieme du mois de septembre de l'année depuis l'incarnation de nostre seigneur mil troïs cents quarante, moy noble Augustin de Montbrand du lieu de Tallard diocese de Gap, fils de feu noble

1. Nous donnons ici la traduction faite sur l'original latin, vers le XVe siècle.

Aimond de Montbrand, sain par la grace de Dieu de mes sens du corps et de l'ame, estant dans ma bonne memoire, faisant reflexion et considerant que ma mort et ma vie sont entre les mains de Dieu et qu'il n'y a rien de si certain que la mort et rien de si incertain que l'heure d'icelle et qu'il importe a tout fidele de finir ses iours entre les bras de la misericorde de Dieu, pourvu que Dieu ne luy reproche ses crimes et que le monde n'ait à dire mal de luy, ni intenter proces ni differend sur mes biens ni sur mes affaires apres ma mort. Pour cette raison, moy noble Augustin de Montbrand ayant reçu de Dieu mon createur, la grace de m'avoir conservé ma bonne memoire pour pouvoir à tout ce que dois, iay imploré le secours du Seigneur et ayant deploré mes foiblesses et tous les pechés dont ie suis coupable afin de pourvoir a tous les besoins de mon âme et de mon corps et estant aidé du secours de Dieu, ie fois cette presente disposition a l'honneur de jesus christ mon redempteur et de sa bienheureuse mère la glorieuse vierge marie et des bienheureux appotres st. pierre et st. paul et de toute la cour celeste.

Augustin de Montbrand entre dans la disposition de ses biens :

Premièrement ie dispose et ordonne mon

dernier testament nuncupatif ma dernière volonté et dispositions nuncupative et l'attribution de tous mes biens et de toutes mes appartenances mobiles et immobiles quelconques en quelques endroits qu'ils soient et sous quelque titre qu'ils m'appartiennent, et ie veux que le present soit gardé pour esternelle memoire du fait de l'ordre et maniere suivante, surtout comme il importe a tout fidele ortodoxe de faire ensevelir son corps selon les saintes coutumes et regles de l'eglise, a ces causes et pour cette raison ie choisis ma sepulture dans la chapelle que iay fait eriger depuis peu dans l'eglise de st. gregoire de tallard, sous le vocable de nostre dame de misericorde : scavoir dans le tombeau neuf que iay fait faire dans la ditte chapelle ou ie veux et ordonne que mon corps soit enseveli et demere quand il plaira a dieu mon createur de m'appeler a soy, comme aussi ie legue et commance pour mes fautes et pour la rémission de mes péchés et de mes crimes, scavoir après ma mort soixante florins du bon or au poids de florence lesquels soixante florins ie veux estre employes a me faire honeur a ma mort et aux depences de mes funerailles, auxquelles ie prie toutes les honestes gens d'assister et avec legats par moy cy dessus faits, comme aussi ie veux et ordonne qu'au iour de ma mort soixantes pretres assistent a mes funerailles parmis lesquels soient appelés les religieux de Romette et les cordeliers de Gap et enfin tant de religieux que de prestres iusque a ce que ce nombre de soixante prestres sceculiers et reguliers soient complet, et ie veux legue et ordonne qu'il soit donné a chacun de ces prestres seculiers où reguliers scavoir une chandelle pour l'offrande et du tournois de gros argent selon l'imposition payable des dits soixante florins, comme aussi ie legue au prestre cure et moine resident et foisant l'office a l'eglise susdite du bienheureux st. gregoire de tallard, scauoir au chacun le iour de mes funerailles cinq sols reforcés pour dire des messes pour l'expiation de mes crimes, pour une fois tant seulement a prendre sur les dits soixante florins, ie veux aussi et ordonne qu'au iour susdit soient acheptees cinquante livres de cire tant brandons qu'en chandelles de cire en l'honeur de dieu mon createur et de la glorieuse vierge marie pour accompagner mon corps selon l'ancien usage de l'eglise de st. gregoire de tallard pour seruir aux messes et aux autres seruices qu'on faira le iour de mes funerailles et ie veux que laditte cire soit payée des dits soixante florins ie legue aussi au thresor de st. gregoire de tallard douze deniers reforcés pour une fois tant seulement a prendre sur les dits soixante florins, ie legue de plus a la luminaire de la ditte eglise de st. gregoire douze deniers reforcés pour une fois tant seulement a prendre sur les dits soixante florins. ie legue encore à la luminaire de l'église de nostre dame de rivedures, a la luminaire de l'eglise de ste. foy de l'eglise de chateauuieux, et acelle de nostre dame de la Roche, a la chaqûne douze deniers reforcés pour une fois tant seulement a payer des dits soixante florins, comme aussi ie legue aux moines du couvent de Romette pour une grande messe de mort, un florin pour une fois tant seulement a prendre sur les dits soixante florins de plus ie legue et donne au dt. couvent de Romette annuelement et perpetuelement cinq sols monoye courante au dt. Romette pour une aniuersaire chaque année le iour de la feste de st. jean l'euangeliste, payables le mesme iour par mon heritier, auquel iour on faira au dit couuent des prieres pour le salut de mon ame et de celle de mes parents, pour l'assurence desquels ie spécifie oblige et hipoteque un certain bois avec toutes ses appartenences que iay au dt. Romette a rotanette conformement a ses confins, et si mon heritier refusoit de payer les dits cinq sols annuelement le iour de la ditte feste pour le dit anniuersaire, ie veux ordonne et tel est mon plaisir que le dt. bois appartienne en propriaité avec tous ses droits et appartenances au dt. couuent, de plus ie legue a la maison des cordeillers de gap pour une grande messe de mort deux florins pour une fois tant seulement payables des dits soixante florins. ie legue aussi a la famille des iacobins de Sisteron pour une grande messe de mort deux florins pour une fois tant seulement payables des dits soixante florins. ie legue aussi aux cordeillers de Sisteron pour une grande messe de mort deux florins pour une fois tant seulement a prendre sur les dits soixante florins. ie legue aussi aux dames religieuses de Sisteron pour une grande messe de mort un florin pour une fois tant seulement sur les dits soixante florins. ie legue aussi au couuent de Clausone pour une grande messe de mort un florin pour une fois tant seulement a prendre sur les dits soixante florins. ie legue aussi aux prestres qui font le service des eglises de st. Julien du beau chaine et st. Barthelemi le beau chaine a chaqun deux tournois d'argent pour me dire des messes payables des dits soixante florins, ie legue aussi à tout prestre curé ou officiant aux eglises la terre de cherille augier a la vallée des aures et a la vallée de vibrole, un tournois d'argent pour me dire des messes pour une fois tant seulement a prendre sur les dits soixante florins; ie veux aussi entands et ordonne qu'au iour de la neufene d'après mon decès soient appeles vingt prestres qui assistent tous a une grand messe de mort qu'on dira dans la ditte eglise de st. gregoire pour le repos de mon ame et de celle de mes parents et pour l'expiation de mes pechés, et ie veux qu'on donne a chacun a diner et un tournois d'argent ou l'equivalent, et veux aussi entends et ordonne que tous les légats par moy cy dessus faits soient payés sur les dits soixante florins; et sils ne suffisent ie veux qu'ils soient pris sur mes autres biens, et sil en reste ie veux et ordonne qu'ils soient dépensés et distribués tant au iour de mes funérailles qu'au iour de la neufene au plaisir et contentement de mes exécuteurs bas nommés.

Tels étaient, on le voit, les sentiments d'expiation qui portaient alors, comme de nos jours, les hommes à demander des prières aux prêtres. Le testament continue en ces termes :

Ie veux aussi entends et ordonne que toutes les meteriés et tous les biens que ie puisse avoir mal acquis ou enlevé soient randus et restitués de mes biens par mon héritier a quiconque s'en plaindra, comme ie lay cy dessus ordonné, et ie veux que mes executeurs fassent payer sur mes dits biens les dits legs par moy cy dessus faits de tout squoy ie charge leur conscience. Ie veux aussi leguer legue et donne aux héritiers d'armand de curbanie cent sols reforcés par une fois tant seulement y compris un tournois douzieme pour saixe deniers. Ie veux aussi leguer et donne aux héritiers dugues merle les reuenus et fruits de quattre années d'une terre que iay au terroir de Tallard appelé la condasme du plantier : scauoir en en cultivant la moytié. chaque année les fruits de la quelle moitié appartiendront aux dits héritiers pourvu quils se presentent et sils ne sont presentés ie veux que pendant les dits quatres années les fruits de cette moitié soient distribués aux pauvres.

Augustin de Montbrand va maintenant léguer des biens aux églises; les legs suivants montrent dans la vérité, les nobles et pieux sentiments auxquels cédaient les seigneurs quand ils laissaient des biens aux prêtres. A voir la sévérité d'Augustin de Montbrand contre les abus possibles du clergé, on verra bien que ce n'était ni par intimidation, ni par ce qu'on nomme aujourd'hui « bigoterie » qu'il léguait ses biens aux églises : il croyait à la justice de Dieu, il demandait aux prêtres d'intercéder pour lui : il attendait pour prix et pour échange de ses libéralités, la miséricorde divine.

Ie legue aussi et donne a la chapelle de st. iulien en beauchaine qui est sous le vocable de sainte catherine ou il y a un tombeau ou sont ensevelis noble Rougier de Montbrand et siens, mariés mes parents et Lambert mon frère scauoir pour l'ornement de la ditte chapelle, un calice du poids et valeur du marc d'argent et un messel du prix de six florins pour une fois tant seulement, comme ie legue a la chapelle et pour l'ornement dycelle, douxe cetiers grains moitié froment et moitié cegle, payable annuélement et perpétuelement au prestre recteur de la ditte chapele, pour l'assurance desquels ioblige et hipotèque expressement et specielement les reuenus des moulins situés et qui moulent au lieu terroir et destroit d'Aspremont diocese de gap, et ie veux et ordonne que les dits douse cetiers de grains, soient payés annuelement au prestre recteur de la ditte chapele des reuenus des dits moulins, comme aussi ie veux entands et ordonne quil soit achepte au prestre recteur de la ditte chapele une maison ou il face sa demeure, du prix et valeur de six florins, ie veux pourtant ordonne et me reserve a moy testateur et a mon héritier basnomé et a son subtitué pour touiours et a leur défaut au plus proche de mes parens, le droit de patronage de la ditte chapele pour presenter et mettre et nommer un prestre et recteur suffisent et capable a la ditte chapele, toutes les fois et quentes qu'il en sera nécessaire, lequel iouisse des reuenus et privilèges de la ditte chapele, et qui puisse en faire le seruice, et au cas qu'il n'y eut plus personne de ma parenté ie veux et ordonne que quatre prudeshommes scauoir deux de st. julien et deux de la baume auec le bon conseil du prestre cure qui pour lors faira sa residence au dt. lieu de st. julien ayent le droit de patronage et le pouuoir pour touiours comme ie l'ay cy dessus ordonné de mettre un prestre et recteur a la ditte chapele, comme aussi ie veux entands et ordonne que le recteur de la ditte chapele quel qu'il soit soit prestre et qu'il ait touiours le pouuoir de dire la messe et de faire les offices divins ou quon ne puisse luy donner la ditte chapele sous quelque titre que ce soit. Ie veux aussi entands et ordonne que sil survenait quelque contestation de la part de l'evesque ou de quelque autre personne que ce fut un ecclésiastique ou laique au sujet du droit de patronage de la ditte chapele et quon voulut le disputer a moy testateur ou héritier ou substitue de mon dt. héritier a ses héritiers ou a quelque autre de ma parentée ou aux susdits quatre prudeshommes, en ce cas le dit calice messel maison et douse cetiers du grain que iay legué cy dessus pour le service de la ditte chapele soient donnés par le dt. cure de st. julien a quelque bon prestre qui soit tenu de chanter et dire dé messes pour le repos de mon ame de celle de mes parens et de mon dt. frere, ie veux aussi et ordonne et tel est mon bon plaisir que le prestre recteur de la ditte chapele quelquil soit soit obligé de venir et d'assister avec le curé du dt. st. julien aux messes et a tous les offices diuins et qu'il fasse sa demeure au dt. st. julien, a défaut de quoy ie veux que le curé et celuy qui aura le droit de patronage pouruoient a un autre recteur suffisent et capable a la ditte chapele qui fasse residence au dt. lieu de st. julien, comme ie l'ay cy dessus ordonne ientends aussi et veux que tout prestre recteur de la ditte chapele fasse un inuentaire des biens annexes au reuenu et au seruice de la ditte chapele et quil soblige par serment et avec suffisante caution de s'en servir pour le bien de la ditte chapele et de le randre et representer en temps et lieu, si cependant contre ma volonté et la forme par moy cy dessus enoncée estoit mis en possession de la ditte chapele quelque recteur et sous quelque titre que ce fut, ie veux entand et ordonne que tous les legats par moy cy dessus faits et a son recteur soient nuls et non advenus et dez a present comme pour lors ie le casse et le revoque pour en ce cas en priver la chapele et son dt recteur.

Et comme ainsi soit que dans l'église de st gregoire de tallard soye fait eriger une chapele sous le vocable de nostre dame de misericorde et voulant qu'il y ait un prestre a la ditte chapele qui dise la messe et fasse les autres offices divins dans la ditte chapele a l'honeur de dieu mon createur et de j. ch. mon sauveur et la veneration de l'église et pour le repos de mon ame et celle d'agnes ma chere epouse, de celle de mes parents et de mon susdit frere pour cet effet ie veux que mon héritier ou tout autre selon la forme par moy cy dessus prescrite metent un prestre en possession de la ditte chapele, auquel ie legue et veux qu'il soit donné annuelement et perpetuelement a luy et ases successeurs a la ditte chapele scavoir quarante emines froment a la bonne mesure de tallard et vingt setiers du vin pur a la bonne mesure de tallard pour l'assurance du payement desquelles quarante emines froment oblige et hypotheque expressement et specialement la sence et tous les revenus que iay sur une certaine terre que iay en ce pays appensionnée a çertain particuliers, située au terroir du dt tallard appelée en patois le pré du puits, proche Poite belle du dt tallard et l'hospital du dt lieu et confronte dun coste chemin public et de lautre pré de la chapelenie de feu monsieur Babeline et la terre de dame Agnès epouse de noble françois Isnard ducat en la cour de laquelle possession, sances, revenu et toute iuridiction, haute et basse que iay et que iay eu ordinairement sur la ditte possession, ie veux que le dt prestre recteur de la ditte chapele ait plaine iouissence et qu'il les perçoive pour luy tenir lieu de payement des dittes quarante emines froment, et ie veux aussi qu'il ait et perçoive en payement des dittes quarante emines de froment les sences de la susditte terre et a l'amiable pour touiours, et ie veux et ordonne par le présent a tous les fondateurs de la ditte terre desquels iay droit d'exiger les dittes sences et autres revenus de la dite terre qu'ils ayent a les payer au dit prestre recteur de la ditte chapele et a ses successeurs en la dite chapele et pour l'assurence du payement annuel et perpetuel des dits vingt cetiers vin au temps de cuvaisons au dt recteur de la dite chapele ioblige et hipoteque expressement et specialement la moitié par indivis d'une certaine vigne que iay sise au terroir de tallard quartier pres de venaurdeat isignant le grand chemin et la terre de jean Muton la terre de noble Raimond de tours et la vigne de pierre Albert autrement dit framand, ie veux que man heritier tienne et possede et cultive la susditte moytié de uigne en payant annuelement au dt recteur les dits vingt setiers vin pur au temps des cuvaisons et si mon heritier refusoit de payer les dits vingt setiers de vin ie veux entands et ordonne que la moitié de la susdite uigne scavoir de la partie inférieure confrontant la terre du dit muton soit donnée et délivrée de droit au prestre recteur de la dte chapele auquel cas ie veux que la plus petite de mes trois couds de vin soit mise dans la maison du dt recteur pour son usage; comme aussi ie legue à la dte chapele ou au dt prestre recteur pour touiours une maison située dans l'enclos de tallard proche la galaye appelé autrefois le foureau d'estienne bon ami, et confronte du costé de la durance les remparts et la maison de moy testateur, ou ie demeure presentement et ie veux qu'elle ait son entrée et sa sortie par ou elle la eu depuis longtemps; ie veux aussi et ordonne que deux de mes tonneaux contenant entre les deux la quantitté de vingt setiers de vin ou davantage soient mis dans la cave de la dte maison pour l'usage du dt recteur de la dte chapele, ie veux aussi entands et ordonne que la dt chapele soit ornée proprement et pouruüe d'un ornement sacerdotal complet d'un calice d'argent du poids et valeur du marc d'argent, d'un missel pour toute sortte de messes selon l'usage du diocese de Gap du prix et valeur de six florins et d'une statue de marbre blanc de nostre dame et l'autele couvert de napes et des autres ornement necessaires et de deux buretes détain, ie veux aussi qu'il soit achepté toutes les années un flambeau de cire de quatre heures pour bruler en l'honeur de j. c. h. lors de la consecration et qu'il soit achepté douze liures d'huile pour tenir une lampe a lumiêre a l'honeur de dieu mon créateur et de la bienheureuse Vierge marie, devant l'autel de la dite chapele de nostre dame de miséricorde et pour le dt flambeau de cire de quatre liures et pour les dites douse liures d'huile pour entretenir la lampe, j'oblige specialement et expressement un certain champ appelé le plantier sis au terroir de tallard au quartier st martin confrontant le grand chemin de deux costé et la terre débrard au muton et de l'autre terre ses héritiers de metre arumanasse et ie veux que le dt prestre recteur de la dte chapele soit tenu et obligé d'exiger du possesseur de la dite terre le pt flambeau de quatre liures cire et les dites douse liures d'huile annuelement et perpetuelement moynant quoy il sera obligé de pourvoir de l'huile et de chandelles nécessaires si le dt possesseur de la dte terre n'y pourvoit; de quoy ie charge pour touiours la conscience du dt recteur.

Ie veux cependant ordonne et reserve a moy testateur a mon heritier a son substitue et a leurs heritiers substitués et a leur défaut au plus proche de mes parens pour touiour le droit de patronage présentation et nomination a là dte chapele pour toutes les fois qu'il sera vacante et qu'il sera necessaire y presanter nommer et establir a la dte chapele un prestre suffisant capable et de bonnes mœurs, et au cas qu'il n'y eut plus personne de ma parenté qui eut le droit de patronage, ie veux entands et ordonne que quatre hommes irréprochables et de bonnes mœurs du lieu tallard ayent le droit de patronage et puissent par ce droit, presenter nommer et mettre en possession de la dte chapele, un bon prestre suffisant et capable comme ie l'ay cy-dessus ordonné, c'est a dire qu'ils ayent le pouvoirance, l'avis et a l'ordre de messieurs les pasteurs ou souseure de l'église de st gregoire de tallard, de presenter installer et mettre en possession de la dte chapele un prestre et recteur de bonnes mœurs, suffisant et capable ; ie veux ordonne et commande par dessus toute chose que l'evesque ny aucune autre personne ecclesiastique ou laïque puisse se mesler en quelque maniere que ce soit de ce que dessus, si ce n'est selon que ie l'ai ordonné, mais sil arrivoit que par la négligence et le defaut de mon héritier son substitué ou ses héritiers ou de plus proche de mes parentés ou de ses susdits quatre hommes irréprochables et de bonnes mœurs, l'evesque momma et establit un prestre recteur de la ditte chapele sous quelque titre que ce fut ie veux qu'il n'acquieré pourtant aucun droit sur ce que dessus, au prejudice de mon heritier son substitué ses heritiers ou substitues de ses heritiers ou du plus proche de mes parens ou des quattre susdits irreprochables, mais plutost que le prestres establi recteur de la dite chapele par l'evesque, soit privé de la dte chapele, si cela arrivoit qu'a Dieu ne plaise ie veux qu'on l'avertice d'abord qu'on peut valablement la donner et y mettre en possession un autre prestre suffisant et capable, ie veux aussi entands et ordonne que tout recteur de la dte chapele soit prestre celebrant la messe, a faute de quoy qu'on ne puisse en aucune maniere la luy donner et qu'il fasse sa demeure et residence continuele au lieu de tallard, et qu'il soit obligé de venir assister avec le curé chapelain ou officiant du dt tallard et pour dire la messe matinière ou paroissiale dans l'église de st gregoire, et pour toutes les autres heures canoniales, que s'il manquoit d'assister chaque iour aux messes et autres offices il soit retranché sur la susditte panssion pour chaque messe six deniers reforcés et pour chaque heure canoniale du iour, trois la la moitie desquels soit donné au moine residant et au prestre officiant pour le curé dans la dte eglise de st gregoire et l'autre moitié soit employée a l'ornement et decoration de la ditte chapele selon la pieté de messieurs les moinnes et curé prestre ou officiant en la susditte eglise, de tout quoy ie charge pour touiours la conscience de messieurs les moinnes et du chapelain, du curé ou officiant, ie veux aussi entands et ordonne que le recteur de la dte chapele ne puisse la resigner ou regir en mesme temps et servir la paroisse et la dte chapele, et si cela arrivoit, ie veux que la collation qui luy en avoit eté faite soit nulle et qu'on en nomme un autre suffisant et capable pour servir la dte chapele; ie veux aussi entands et ordonne que le recteur de la dte chapele fasse inuentaire de tous les biens ecclesiastiques et autres de la dte chapele et qu'il promete avec serment et bonne caution de les administrer et garder fidelement pour les randre en temps et lieu, i'entands aussi et tele est ma volonté qu'aucun moinne ou religieux puisse estre mis en possession de la dte chapele, mais seulement un prestre seculier comme ie l'ay cy dessus ordonné i'entands aussi et veux que tant qu'agnes ma bien aimée epouse uivra dans sa viduitté, elle donne au recteur de la dte chapelle sa table avec tout le linge que la bienseance demande qu'ay un prestre et ses habits et souliers, qu'il luy fournisse d'huile pour la lempe, des chandelles et un flambeau de cire, et que la dte agnès soit tenue de recevoir la pension annuele par moy cy dessus leguée au dt recteur de la dte chapele en luy tenant pourtant un valet ainsi que ie l'ay cy dessus ordonné.

Le testateur fait ici la part de sa femme; on ne lira pas sans intérêt cette partie qui nous introduit dans l'intérieur de la famille d'Augustin Montbrand. Les sentiments qui portaient le testateur à léguer l'usufruit de ses biens à son épouse tant qu'elle sera veuve, sont les mêmes qui guidaient les seigneurs quand ils avaient à répartir leurs biens entre une épouse et des enfants.

De plus ie confesse et reconois publiquement que iay reçu reelement comptant des mains d'agnès ma bien aimée epouse ou d'autre payant pour elle pour constitution de dot et avantage y compris pourtant toutes les depenses et ses ornements, scavoir premierement avec ses ardes trois cent cinquente liures de monaye, avec un tournois d'argent de francè en or rond de bon poids valant dixcent deniers laquelle somme ie veux et ordonne luy estre rendue et restituee sur mes biens et pour l'assurence de quoy ioblige specialement et expressement hipoteque tous mes biens presents et advenir.

. . . .

Ie veux et ordonne que le dt guiliaume de montalin ne puisse iouir des fruits ou revenus de la ditte terre qu'après ma mort et celle d'agnès ma bien aimée espouse.

Ie veux aussi entands et ordonne qu'au dt lieu de tallard il soit fait le iour que ie serai enterré, un aniverssaire pour le culte de Dieu et l'expiation de mes crismes et de mes péchés, auquels ie veux qu'il soit appelé dix prestres en estat de dire la messe ce iour là, et qui leur soit donné a diner et pour present douse deniers reforcés au chacun payables par mon heritier bas nommé ou son substitué et par les possesseurs de mes dits biens, et comme il est a propos que cet aniversaire soit fait et la dépense toutes les années ioblige specialement et expressement le maytre d'une certaine vigne que iya au terroir de tallard près d'audeard; et ie constitue pour mon heritier universsaire sur tous mes biens en quoy qu'ils consistent et puissent consister scavoir : ma chere Agnes mon espouse la nommant de ma propre bouche tant qu'elle uiura dans sa viduitté et sous cette reserve et condition que si elle vient a se marier, ie constitue par le present pour mon heritier universaire en le nommant de ma propre bouche scavoir noble Rainaud Ranuier chevalier de la prison, mon cher neveu et ses heritiers et successeurs scavoir les enfants propres a luy et dame Berangere de Rosen espouse du sieur Raimond et niece de la mienne scavoir que celuy que le dt Rainaud trouvera bon de faire heritier sur mes biens.

Et au cas que la dte agnes se remariat ie luy legue et donne en consideration de ses bons et agreables services qu'elle m'a randu et rand continuelement, scavoir tous les troupeaux que iay avec elle en commun ou separement de quelque especes qu'ils soient avec la moitie du foin que iay ou qu'elle avoit alors; auquel cas ie veux que mon heriditté et tous mes biens viennent de droit au susdit sieur rainaud mon cher neveu ou a ses heritiers et successeurs scavoir aux enfants communs a luy et a la dte dame de beranger son espouse et qu'ils en iouissent par succession legitime.

Mais sil arriue que la dte agnes ma chere espouse entre en religion, en ce cas jinstitue aussi et substitue a la dite agnes pour heritier universel de tous mes biens les nommant de ma propre bouche scavoir le susdit sieur Rainaud Ranuier et ses heritiers et successeurs; scavoir les enfants procréés du mariage d'entre luy et la dte dame Beranger comme ie l'ay cy-dessus ordonné; auquel cas que la dte agnes se fit religieuse ie luy donne et legue annuelement tant qu'elle uiura dans la dite religion; scavoir pour tout son entretien et ses autres necessités vingt-cinq florins reforcés en les comptant par un tournois d'argent du roy de france a l'or rond de bon poids pour saise deniers, auquel cas ie veux que mon hereditté et tous mes biens viennent de droit et par succession legitime au sieur Rainaud mon cher neveu et a ses heritiers et successeurs scavoir aux enfants communs a luy et a la dame de beranger.

Et s'il arive que la dte agnes ma cheres espouse meure sans faire profession de religion ni se remarier j'institue aussi et substitue a la dte Agnes pour heritier universel de tous mes biens les nommant de ma propre bouche, scavoir le susdit sieur Rainaud Ranviez chevalier mon cher neueu et ses heritiers et successeurs scavoir les enfants communs de luy et la dte dame de beranger son espouse, celuy la que le dt sieur rainaud trouvera bon destablir heritier sur tout mes biens, auquel cas et en tout autre de la mort d'agnes ma chere espouse, ie ueux que toute mon heréditte et tous mes biens viennent de plain droit par succession legitime au dit sieur Rainaud et a ses heritiers et succèsseurs les enfants d'entre lüy et a la dite dame de beranger.

Ie veux aussi et defands expressement a la dite Agnes mon espouse de vendre aliener ou engager quoy que ce soit de mes biens si ce n'est pour payer mes deptes et restituer ce que iay mal acquis comme ie l'ay cy-dessus et ie veux que cela soit pris sur mes biens et que les legats par moy cy dessus faits soient plainement accomplis et payés, comme ie l'ay cy dessus, ordonné par mon susdit heritier ou le substitue à Agnes ma chere espouse; de tout quoy ie charge la conscience de messieurs mes executeurs bas nommés et nomme aussi moy testateur establi et constitué pour les executeurs de ce mien testament et de ma dernière volonte nuncupative les nomant de ma propre bouche, scavoir Monseigneur l'illustrissime et reverandissime euesque de gap, le tres reuerand pere gardien du couuent des cordeliers de gap qui y sont et qui y seront à l'auenir, et noble hugues rouuier mon cher neveu, auxquels trois executeurs ou a deux desquels trois ne pouront y estre ou dit hugues mon cher neueu ie donne plain pouuoir de faire satisfaire a tous les susdits legats par moy faits et a toutes les restitutions que ie suis obligé de faire en le prenant sur mes biens, ie ueux pourtant que le dt noble hugue rouuier mon exécuteur puisse de sa propre authorité se saisir de tous mes biens et les posseder iusques a l'entiere satisfaction de toutes les legs par moy cy dessus faits et a l'entier payement de mes deptes et restitution de mes biens mal acquis.

CHAPITRE XXI

La mort. — Le secret de la puissance des communautés de l'ancien régime. — Les chartes anciennes et leur utilité. — Une communauté au XIVe siècle. — Les hommes de probité. — Un procès.

Le document que nous venons d'analyser nous a fait pénétrer dans l'intérieur d'une famille noble au quatorzième siècle : il nous a donné avec l'intelligence du fait historique le plus grave de l'ancien régime : l'augmentation croissante des biens d'Église, le secret de la puissance, de la force, de l'énergie et de la gloire de la noblesse provinciale. C'est une sainte et salutaire pensée, disaient les Macchabées, de prier pour les morts ; n'est-ce pas une pensée fortifiante, pleine de courage, de constance, propre à éclairer nos démarches, à secouer notre mollesse, à exciter notre ardeur, que la pensée de mourir et d'être jugé par un juge inévitable et indéfectible ? La noblesse qui allait aux croisades, celle qui combattait les étrangers, qui guerroyait contre les brigands, qui dans la campagne accordait à ses vassaux les libertés municipales, ou gouvernaient si sagement que ses vassaux ne sentaient pas la nécessité d'avoir des institutions libres, cette noblesse-là se nourrissait de la pensée de la mort : les tombeaux de ses ancêtres étaient dans ses châteaux et dans ses églises, les chapelles où elle priait avaient été fondées par ses pères pour l'expiation de leurs péchés; jusqu'au soin de ses biens temporels qui l'obligeaient à prévoir l'instant de sa disparition de la terre, tout la mettait sans cesse en présence du jugement suprême. La mort c'était la maîtresse de la vie, et la vie était d'autant mieux remplie, plus active et plus juste que la pensée de la mort l'avait plus animée et fécondée.

L'habitude et la nécessité du testament donnaient donc une partie de sa force à la noblesse rurale de l'ancien régime. Mais à quelle source la communauté, la municipalité puisaient-elles l'énergie, la constance ? La France ne se fût pas fondée, l'ancienne organisation eût péri dans l'impuissance et l'anarchie, si les communes, si les familles n'avaient puisé, elles aussi, dans je ne sais quelles pensées, quelles habitudes ou quelles nécessités, l'amour de l'existence, le sentiment de leur devoir et la force de le remplir. Les peuples de l'Orient qui naissent sans liberté grandissent en fumant de l'opium. Un gouvernement veille au-dessus deux, mais le jour où ce gouvernement n'a plus la force de veiller, le peuple meurt : on partage son territoire, on change ses intitutions, on le transporte dans une autre nationalité. Les peuples qui n'ont pas de liberté sont comme des troupeaux dirigés par un pâtre mercenaire : ils ne sont pas un peuple. Or nos ancêtres étaient un peuple : un peuple fort, grand, dont les œuvres de courage, d'habileté et de générosité sont immortelles !

De bienveillantes communications me permirent, à Tallard même, de découvrir le secret de la puissance de nos pères et de nos anciennes communes. En le montrant à nos lecteurs, j'entrerais dans l'organisation de la vie municipale au moyen âge : j'y entre avec une double préoccupation.

La première pensée qui me guide est de faire connaître non les institutions qu'eurent nos pères, mais l'esprit qui anima et fit prospérer ces institutions. Les erreurs des philosophes et des économistes du XVIIIe siècle ont dirigé jusqu'ici les études historiques dans une direction sans fin et presque sans but parce qu'elle est sans utilité. Turgot et Voltaire avaient répandu la croyance que l'ancienne France n'avait pas de constitution. La révolution se fit avec cette fatale pensée, jusqu'au milieu de notre siècle, on accusa l'ancien régime d'être un corps national sans âme, un édifice sans charpente, un ensemble d'intérêts sans liaison. N'est-ce pas encore le reproche dont les ignorants prétendraient accabler l'ancienne France! Pour répondre à ces sottes accusations une école d'histoire s'est fondée, se continue, se ramifie. Les plus hauts représentants furent à l'origine M. Guizot et Augustin Thierry. Au reproche que les révolutionnaires faisaient à notre pays de n'avoir pas eu jusqu'à l'époque de 1789, de constitution nationale, ils répondirent en en mettant au jour les éléments : éléments magnifiques. Au reproche que l'ancien régime n'avait pas de liberté, ils répondirent en exhumant les vieilles chartes et en célébrant les anciennes franchises municipales. Aujourd'hui encore les héritiers de cette école exhument les chartes, et célèbrent l'existence des anciennes franchises!

C'est là, à notre avis, un effort stérile, et nous ne voulons pas l'imiter en empruntant à un cahier de la ville de Tallard, quelques détails d'organisation municipale. Les anciennes chartes, les anciennes franchises certes sont de précieux restes des libertés de nos ancêtres et servent à confondre les ignorants qui niaient l'existence de la liberté avant 1789. Mais n'est-ce pas avant tout des effets de la liberté dont l'esprit humain doit se préoccuper?

Ce sont les résultats sociaux que la liberté a produits qui doivent inquiéter les philosophes, les hommes d'état, les chrétiens. A quoi servirait la liberté si elle ne glorifiait point l'homme ?

Or, à ce point de vue, les chartes anciennes nous offrent peu ou ne nous offrent pas de lumières. Elles sont là, sous nos yeux ; mais, que disent-elles à notre cœur et à notre âme de la prospérité de nos ancêtres, que nous apprennent-elles des moyens de reconquérir notre prospérité personnelle ? Rien. En les exhumant nous avons fait une œuvre à peu près semblable à celle de ces habiles et patients archéologues qui retirent de dessous la lave du Vésuve, les traces de la civilisation romaine. Oui, étudions les anciennes chartes : la liberté n'est pas d'aujourd'hui sur notre sol, mais étudions principalement, avec les anciennes chartes, toutes les institutions, libres ou non, qui ayant donné la paix, la force et la gloire à nos ancêtres, seront encore capables de nous rendre ces biens !

La seconde préoccupation avec laquelle j'entre dans le bref examen de quelques papiers qui m'avaient été un instant confiés, est plus militante que la première. L'étude des chartes anciennes, faite dans nos grandes villes contre les héritiers des philosophes du XVIIIe siècle, a pour but, dit-on, de dissiper les sots préjugés de la dîme et de la corvée. En vérité, qui croirait à voir les résultats, que tel est le but poursuivi depuis trente ans par une école d'esprits supérieurs? Non seulement les démonstrations de ces grands esprits n'ont pas arraché la calomnie de la bouche des révolutionnaires; mais encore, à mesure que nous nous éloignons de l'organisation de l'ancien régime, les calomnies s'affermissent et s'étendent. Je connais tel pays en Provence et en Dauphiné, où jamais avant 1789, il n'y eut dîmes et corvées et qui, inspiré aujourd'hui par des agents électoraux, proclame hautement qu'il ne veut pas revenir au temps où il payait la dîme et subissait la corvée! L'étude générale de nos anciennes libertés aboutit donc à un résultat pratique à peu près nul. En serait-il de même, si à cette étude vague faite dans les grandes villes, se substituait une étude particulière, circonscrite, locale, si les hommes de chaque pays fouillaient dans ce qui leur reste des anciennes archives et mettaient au jour devant leurs concitoyens, l'organisation municipale et politique de leur commune avant 1789? En serait-il de même? et, tandis que l'école révolutionnaire trouble le présent en falsifiant le passé, les hommes honnêtes et sincères qui veulent faire remonter leur pays dans les régions où il trouva la force et la gloire, n'auraient-ils pas facilement raison des calomnies des uns et de l'ignorance des autres.

s'ils faisaient connaître autour d'eux, les anciennes libertés dont jouissait la génération de leurs arrière-grands-pères ? A la place d'une apologie abstraite de l'ancien régime, ils feraient une apologie accessible à tous esprits ; et bientôt, j'en ai eu les preuves, comme des fils dégénérés d'un père illustre, loin de s'irriter du présent et du passé, les membres des communes si peu libres de 1876 se consoleraient du présent au souvenir du passé, et tenteraient par leurs actes et leurs aspirations de reconquérir les libertés dont jouissaient les membres de la commune en 1788 !

Mais que fais-je ? J'en ai dit sur le but que je poursuis en feuilletant un manuscrit de Tallard bien plus que je n'en pourrais dire en exposant ce que contient ce manuscrit. Ceux qui savent combien les efforts des historiens sérieux sont grands et stériles au point de vue social, me pardonneront de m'être trop étendu.

Le manuscrit qui me fut confié résume les droits et les immunités de la ville de Tallard. C'est un vieux papier rogné par endroits jusqu'à mi-page, et n'offrant à la lecture que la partie inférieure de ses feuilles. De plus, hélas ! il est tout à fait incomplet : à peine la moitié s'en est-elle conservée. Heureusement les pages qui restent donnent une idée à peu près complète de la commune telle qu'on la concevait avant 1789, elles nous transmettent quelques-uns des plus importants arrêts par lesquels la commune manifestait son pouvoir et par lesquels elle a entretenu, à travers plus de cinq cents ans, l'ordre et la force parmi les habitants !

La communauté de Tallard et les communautés du reste des Alpes ne vivaient pas dans une indépendance absolue, elles étaient indépendantes seulement dans leurs droits municipaux. Au-dessus de leurs droits et au-dessus de leurs consuls, un « châtelain » tenait et exerçait le pouvoir du seigneur local et le pouvoir supérieur du Dauphin. Le châtelain avait pour fonction de percevoir au profit du Dauphin les impôts et d'empêcher que les consuls n'outrepassassent leur juridiction ; de leur côté les consuls devaient veiller à ce que le châtelain ne violât pas les droits de la communauté. Grâce à cette vigilance mutuelle, l'équilibre se maintenait dans l'organisation de la commune : elle obligeait les uns et les autres à connaître leurs droits respectifs et communiquaient aux hommes un inébranlable attachement à leurs libertés et à leurs immunités.

Quelle idée les habitants de la communauté concevaient-ils du pouvoir qu'ils conféraient à leurs consuls ? Quelle idée les consuls avaient-ils de leur droit, de leur obligation, de leur caractère ?

« Les administrateurs des communautés, leurs syndics et consuls, dit le manuscrit rogné, sont comme le père à la tête de sa famille, comme l'évêque à la tête de son clergé ; ils savent qu'ils n'ont été placés dans le rang que pour faire l'avantage de ceux qui leur sont abandonnés, *quod præpositi sumus propter vos est,* ils ont toujours l'œil ouvert sur leur conduite et sur leurs besoins, ils encouragent les uns par des récompenses et ils intimident les autres par des peines et des châtiments ; mais comme ceux-ci retombent sur leurs membres et sur ceux dont la défense leur est confiée, ils sont toujours *légers* et sans *éclat,* dans l'espoir de l'amendement tant qu'il n'est point question de punir une... » Ici le manuscrit est rogné. Mais plus loin la même pensée est exprimée de nouveau. L'auteur du manuscrit s'adressant au châtelain lui dit : « La communauté de Tallard est bien éloignée de vouloir empietter sur la juridiction des officiers du seigneur, elle sait, comme on l'a déjà dit, que ses administrateurs n'ont exercé d'autre partie de la police sur leurs concitoyens que celle qui *compette au père de famille sur ses propres enfants ;* c'est là tout ce qu'ils font aujourd'hui et c'est en quoi elle a lieu d'attendre qu'ils seront maintenus. Les ordres que le père donne dans sa famille ne sont pour la plupart que des conseils qu'on exécute avec zèle parce qu'on est accoutumé à..... » Ici je puis lire à travers les rognures du papier « ce n'est... plus que dans les cas extraord... rsque le père abuse de son pouvoir ou... qui arrive moins rare... lorsque... abuser des bontés du pèr... que... ice... dinaire est obligée d'interposer son autorité si l'un ou l'autre la réclament. Le premier juge connaît alors d'une espèce d'appellation, comme l'on ne saurait disconvenir qu'il serait fondé à deffendre l'exécution des règlements de la police consulaire s'il y en avait de contraires au bon ordre, ce qui ne peut arriver parce qu'ils se font en assemblée et que les assemblées étant tenues en sa présence ou de son lieutenant, il ne serait pas convenable qu'il désapprouve dans un temps ce qu'il aurait souffert dans l'autre. »

Ces passages nous restituent la communauté telle qu'elle fut depuis le treizième siècle jusqu'en 1789 ! Au sommet les habitants avaient le droit de veiller, et ils y veillaient, sur leurs intérêts généraux ; au-dessous d'eux ils nommaient des représentants de leur pouvoir et ils les investissaient non-seulement du droit de diriger les affaires communales, mais du caractère noble, sublime du père de famille. Les consuls que les communautés se choisissaient devaient être avant tout des pères vigilants, bienveillants et capables.

Qui s'étonnerait de la puissance des communautés gouvernées par des hommes choisis avec une si haute préoccupation ! Les consuls étaient élus par les habitants mêmes du pays parmi les hommes que leur sagesse, leur prudence, l'impartialité et l'élévation de leur esprit imposait à l'estime et à la considération de tous. Ce choix augmentait les vertus des hommes choisis, en agrandissant leur responsabilité. Alors la communauté vivait éclairée par de grands exemples, et guidée par des esprits probes, patriotiques, dévoués au bien public dans la pleine mesure que les fonctions de consuls exigeaient.

Le manuscrit de Tallard renferme l'indication d'une autre des causes qui ont donné à cette communauté un passé long et glorieux. Lorsque les religieux Hospitaliers gouvernaient aux treizième et quatorzième siècles les habitants de Tallard, après avoir affermi les pouvoirs déjà reconnus de la communauté et lui avoir donné une absolue souveraineté dans les choses de la police municipale, ils voulurent encore communiquer aux juges des générations à venir l'inspiration de leur conduite. Cette inspiration était rappelée dans les dernières années du XVIIIe siècle : « La plus grande équité, disaient les Hospitaliers, la plus grande bienveillance et l'interprétation la plus favorable et la plus modérée des lois doit être inviolablement et toujours observée par le juge et par les autres officiers dans les poursuites qu'ils auront à faire à l'égard des hommes de Tallard. » L'exercice de la justice confirmait la grande et la salutaire idée que le peuple se faisait des consuls et des juges qui veillaient sur son avenir !

Dois-je entrer maintenant dans le détail des pouvoirs que tenaient les juges et qu'exerçaient les consuls ? dois-je montrer jusqu'où s'étendait le pouvoir municipal de nos pères ! En le faisant, on verra que c'était par l'exercice des droits municipaux, droits que nous tenons tous de nos intérêts, que s'étaient formés et que se fortifiaient chez nos ancêtres, l'amour de la liberté, l'attachement aux vertus par lesquelles un pays se soutient et grandit.

Dans l'ordre judiciaire, le juge assisté « *de trois personnes de probité* » prononçait sur les dommages que les habitants pouvaient causer aux arbres, à la vigne et aux moissons de leurs voisins, sur le dommage souffert par le particulier à qui on aurait tué quelque animal dans son écurie ou ailleurs, sur le cas de celui qui aurait fait violence à une femme mariée, sur le cas de celui qui aura pris du foin et des gerbes, sur les fautes des femmes de mauvaise vie, etc., etc.

Dans l'ordre administratif, la communauté fixait le prix du pain, le prix du blé, le prix de la viande, elle établissait à son gré les poids et les mesures; elle veillait sur la propreté et le pavé des rues, sur les fumiers, les pourceaux, les immondices; elle entretient les remparts, elle surveille l'état des maisons et des cheminées, elle s'occupe des fontaines, des moissons, des vendanges; elle prend des mesures de police contre les voleurs de fruits et ceux qui dégradent les moissons et les vendanges; elle a la charge des chemins vicinaux et autres, la communauté intervient jusque dans les décisions relatives aux successions vacantes par quatre « hommes de probité » nommés dans l'assemblée des habitants, et le jour où le châtelain prête serment de respecter les droits et les franchises de Tallard, trois « hommes de probité » sont encore là pour assurer au peuple qu'en vérité le nouvel officier seigneurial et delphinal a juré de maintenir les droits municipaux. Si l'on ajoute à ces droits celui de décider le chiffre des impositions communales, en vérité où trouver un droit municipal mieux conçu et plus étendu ?

Deux points frappèrent encore notre esprit à la lecture du manuscrit de Tallard : Le premier, c'était le rôle que les « hommes de probité » ou « les prud'hommes » exerçaient dans la communauté de l'ancien régime; la seconde, c'était l'énergie et l'obstination avec laquelle les habitants réunis maintenaient leurs franchises contre les usurpations des officiers seigneuriaux ou delphinaux.

Pour « les hommes de probité » leur intervention est réclamée à chaque mouvement, dans l'intérieur des assemblées, dans les sessions du tribunal, dans les décisions arbitrales, etc. : ils sont un rouage nécessaire sans lequel la machine municipale ne fonctionnerait pas. Or, les hommes de probité étaient simplement des hommes élus, comme le sont aujourd'hui nos conseillers municipaux. Le suffrage populaire savait alors que la probité était la plus sûre garantie d'une bonne administration : il mettait son espérance dans l'honnêteté de ses élus. Hélas! aujourd'hui...

Où sont les neiges d'antan!

L'énergie avec laquelle la communauté défendait ses droits n'est pas moins constante dans le passé de Tallard que la confiance des habitants dans les hommes de probité. L'une semble sortir de l'autre : le respect pour la probité inspirait l'amour pour les droits municipaux et les fonctions municipales. J'ai tenu entre les mains l'extrait authentique d'une délibération prise par la communauté pour défendre ses droits de péage, de chasse et de pêche : elle est datée du mois de mars 1783. Or, les échevins et la communauté s'appuient, pour soutenir leurs prétentions, sur des chartes qui remontent jusqu'en 1427. Leurs libertés duraient depuis cette lointaine époque ! « A été proposé, dit l'extrait dont je parle, a été proposé par MM. les échevins de Tallard qui est venu à leur connaissance qu'au préjudice des privilèges de la commune et des habitants les femmes de madame la marquise Sassenage, comtesse de Tallard, perçoivent un droit de péage soit à Tallard ou à la Sauce sur des bois en radeaux que les habitants de cette comté conduisent pour leur compte sur la rivière de la Durance.

« Qu'au surplus il a été publié et affiché des prohibitions et défense à toutes sortes de personnes de chasser dans le territoire, ce qui est également contraire aux droits et privilléges des habitants pour lesquels il importe essentiellement de se maintenir, sur tout quoy il échoit de délibérer, etc. etc. » L'extrait énumère ici les titres de 1511, de 1425, qui sont la base des revendications de la communauté ; il termine ainsi : « considérant que tous ces titres établissent en faveur de la communauté une exemption de tous droits de péage et le droit de pèche et de chasse dans tous lesquels droits et priviléges la communauté a conservé, lorsqu'elle a été unie au Dauphiné en 1513. La *communauté a unanimement délibéré* et donné pouvoir aux dits échevins de demander à madame la marquise de Sassenage, que les habitants continuent de jouir des exemptions, franchises, droits et priviléges, et en cas de refus de former opposition à tout ce qui a été ou pourra être fait de contraire au droit et titre de la communauté et d'agir... et au surplus l'assemblée charge les échevins de leur communiquer en délibération la réponse que voudra bien faire madame la marquise de Sassenage pour y être délibéré ainsi qu'il appartiendra. »

Il y a donc cent ans à peine, en 1783, nos grands-pères se réunissaient en communauté ; ils délibéraient en assemblée sur leur intérêt commun, sur leur droit, sur leur liberté et les titres qu'ils invoquaient remontaient à près de quatre siècles en arrière ! La France avait donc à cette époque quatre siècles de durée ! Aujourd'hui hélas, nous n'avons pas encore cent ans : nous ne délibérons plus ; nos droits sont divisés entre la commune, le conseil général, la chambre des députés ; quand nous disputons sur une loi aucun de nous, tant les lois que nous avons faites depuis 1789, sont nombreuses et tortueuses, aucun de nous ne les connaît, ne les comprend, ne sait les appliquer ; les hommes de loi que nous appelons à notre aide, s'embarrassent à leur tour et oublient le texte de notre législation ! Ah ! l'ancien régime est bien l'ancien régime : la simplicité des lois a disparu ; elle a disparu le jour où les hommes de probité se sont nommés conseillers municipaux, où la communauté a disparu dans le conseil municipal !

CHAPITRE XXII

La formation d'un peuple. — Chorges. — La raison de l'émigration des Alpins vers la Provence.

La communauté telle que nous venons de la rencontrer à Tallard n'était pas une exception dans les Alpes. Loin de là, la charte qui ſut accordée à cette ville en 1209 par Raimbaud de Lachau portait « que les habitants pussent se juger eux-mêmes et que les conseils qu'ils se nommeraient eussent un pouvoir aussi étendu que ceux d'*Embrun, Gap* et de *Sisteron* et *même plus grand s'il est possible* ! » Quelques années après, les libertés de Briançon apparaissaient dans la plénitude qui excite notre admiration et nos regrets. Du mont Genèvre jusqu'à l'embouchure du Buech la terre des Alpes a été animée pendant quatre siècles d'un souffle de liberté !

Le problème de la formation des civilisations est un des plus curieux de l'histoire ; mais je me persuade qu'en France ce problème est aujourd'hui l'un des plus difficiles à étudier et à élucider. Quand de nos jours nous parlons de gouvernement, de commune, de droits, de liberté, les habitudes que la Révolution nous a données font que nous reportons notre esprit en arrière avec la pensée de trouver, à un moment déterminé, un roi qui accorde à la nation une constitution complète, un seigneur qui dans un seul acte établit tous les droits d'une communauté, ou bien nous croyons que les populations soumises à la tyrannie féodale ou royale se sont tout à coup trouvées dans la servitude en vertu d'un acte délibéré, accompli par la méchanceté du seigneur ou du roi. Le roi et le seigneur nous apparaissent semblables aux despotes que nous rencontrons de notre temps au milieu de nous ; nous nous imaginons qu'ils ont de la liberté, des droits de l'homme, des conditions d'un gouvernement les mêmes idées que nous : s'ils exercent une autorité exorbitante, nous les nommons des envahisseurs, s'ils profitent d'énormes prérogatives, ils sont à nos yeux des soldats violents qui rendent esclave malgré l'indignation publique la population qu'ils gouvernent. Rien n'est moins exact qu'une pareille idée. Ce que les rois faisaient, ce que les seigneurs faisaient c'était la suite ordinaire de la civilisation d'alors. De même qu'aujourd'hui, l'idée d'un roi qui ne laisserait pas à ses sujets une large liberté politique offenserait notre esprit, de même, le roi qui au moyen âge aurait accordé de pareils droits aurait été considéré par le peuple comme un fou !

Les peuples se forment comme s'est formé le monde physique, lentement et par des couches successives. Chaque siècle, chaque événement considérable modifie les nécessités et les tendances de l'esprit, comme chaque bouleversement terrestre crée un sol nouveau. La différence entre ces deux formations d'un ordre distinct est que l'événement ou le siècle, s'ils modifient les besoins de l'âme humaine, n'en altèrent pas la nature; l'homme à travers les temps garde ses vices, ses vertus, ses aspirations et imprime à son tour aux événements divers qui le poussent l'empreinte de ses aspirations, de ses vertus et de ses vices.

Dans les Alpes, la civilisation gauloise laissait aux peuplades une absolue liberté; la civilisation romaine restreignit la liberté de la commune; puis la civilisation des barbares supprima tout à fait les institutions libres. Cependant elle n'étouffa ni les vices ni les vertus ni les aspirations de l'homme : ces vices et ces vertus luttèrent contre les barbares; au XIIe siècle après une lutte incessante, implacable, l'humanité remportait ses premières victoires. Le besoin de la liberté qui agite toute âme humaine et les doctrines chrétiennes triomphèrent à ce moment des efforts de la force et des doctrines païennes qui déifiaient la force. Les premières chartes apparaissent sur notre sol au moment précis où l'évangile exerce son empire sur les seigneurs féodaux. A la lumière des enseignements de J.-C. les seigneurs comprennent que, s'il faut au monde une hiérarchie, si le père et le seigneur doivent dominer les enfants et les peuples, l'un et l'autre cependant doivent subir la domination de la justice. Sous l'influence de cette grande et pure idée, ils rendent aux populations jusque-là opprimées, et à mesure que l'utilité en paraît, les droits nécessaires à la pratique des vertus humaines. Alors une nouvelle civilisation commence : c'est la civilisation chrétienne ; civilisation qui est, nous l'avons vu dans la communauté de Tallard, le triomphe de la liberté.

Cependant, la doctrine évangélique ne triompha pas dans l'esprit de tous ceux qui tenaient une part de l'autorité publique. Tandis que les seigneurs éclairés par les doctrines catholiques accordaient à leurs sujets les chartes que nous admirons et leur communiquaient la force qui leur donna jusqu'en 1789 le pouvoir d'être puissants, les autres toujours dominés par les idées de la civilisation barbare, tinrent une main de fer sur les peuples et restèrent sourds aux plaintes de leurs sujets. De là sur la surface de notre territoire, une profonde diversité : une communauté indépendante à côté d'une commune serve; le triomphe de la civilisation chrétienne à côté du triomphe de la civilisation barbare. Mais la diversité s'accroît encore. De même que les populations avaient lutté pour obtenir le succès des idées évangéliques : idées qui sont la sauvegarde et l'honneur des peuples, de même plusieurs descendants des seigneurs qui avaient été vaincus dans la lutte, s'efforcèrent de ramener la domination de la force. Toute occasion leur fut bonne pour retirer aux communes une de leurs franchises et violer un de leurs droits. Quelquefois ils l'emportent, mais le plus souvent l'énergie obstinée de leurs vassaux les confond. Le conflit n'est pas éteint pour cela, et jusqu'à ce qu'un pouvoir supérieur intervienne pour établir les droits respectifs des uns et des autres, la guerre se continue. Le caractère propre de la civilisation en France, dans les Alpes et les autres provinces depuis le moyen âge jusqu'au moment où l'autorité centrale fut assez forte pour écraser toute puissance sous son niveau, fut une extrême diversité dans les régimes de liberté et d'oppression — diversité marquée par la lutte des populations contre leurs seigneurs et des seigneurs contre les populations. Je ne sache pas de commune, parmi celles à qui la pratique de la liberté chrétienne a laissé le plus de renom, qui n'ait été un instant troublée par ces agitations réciproques. Ah! ce qui est admirable dans les siècles passés, ce n'est pas la liberté partout triomphante, ce n'est pas un système politique qui aurait eu pour base la liberté, appliqué à toutes les communes du pays; une telle liberté, un tel système n'ont jamais existé dans les âges les plus chrétiens. Mais ce qui a existé, c'est que la liberté n'a paru qu'où l'Évangile a pénétré, c'est que la pratique de la liberté chrétienne quoique intermittente a seule fait la France. Quand 1789 éclata, le pouvoir central avait détruit l'autorité des seigneurs; les hommes de probité soutenaient encore les communautés!

Ces pensées, où m'avait entraîné la lecture du manuscrit de Tallard, occupèrent mon esprit le long de la route qui va de ce bourg à Chorges par la vallée de la Vence. Entre ces deux villes, ruines de deux civilisations disparues : la civilisation romaine à Chorges et la civilisation chrétienne à Tallard, j'oubliais la richesse, la variété, l'austérité et la majesté des paysages qui bordent le chemin. Que n'aurais-je pas oublié? Je pensais encore à l'ancienne organisation politique de la « patrie du Dauphiné », au dauphin qui exerçait un droit de suzeraineté sur tout le territoire, droit d'abord insensible, devenant peu à peu réel, établissant à la fin une souveraineté complète sur les seigneurs; je pensais à ce conseil du Dauphin d'abord simple réunion de jurisconsultes devenant un jour l'illustre parlement du Dauphiné; je pensais aux diverses assemblées où se discutaient les intérêts de la région ou d'une partie d'une région : aux états du Dauphiné, aux assemblées de commis, à ces libres assemblées du Briançonnais nommées *Escartons;* enfin à ces réunions indépendantes des habitants d'une communauté. Tout cela dans mon souvenir me paraissait, quoique troublé par les conflits de la force et de la justice, plus beau à contempler que les merveilleux paysages du Laus, de Saint-Etienne, d'Avençon, de Valserres, etc. Combien les beaux jours du passé sont séducteurs! Le passé de la France c'était l'ardeur, l'activité, la fécondité de la jeunesse : le présent, c'est l'énervement, c'est le mouvement fébrile inquiet de la vieillesse. Comme si j'eusse été vieux moi-même, je goûtais un charme que je ne saurais décrire, à repasser les jours et les œuvres de mon pays.

Chorges est l'un des bourgs les plus anciens et les plus importants des Hautes-Alpes. Son histoire est faite d'événements qui intéressent la région entière.

Chorges en effet fut la capitale des Carturiges, peuple qui avant l'occupation romaine occupait le Briançonnais, l'Embrunais et le Gapençais jusqu'à Montmaur. Pendant la domination romaine, elle fut une importante station militaire et Néron lui donna le droit de latinité. Pendant l'invasion des Lombards et des Sarrazins, sa situation militaire au point de jonction de trois routes, la fit servir de boulevard tour à tour aux envahis et aux envahisseurs. Pendant le moyen âge, elle était l'une des plus importantes commanderies des Templiers. Pendant les guerres religieuses, après avoir soutenu le choc des armées protestantes, prise par Lesdiguières, elle devint un point de ralliement des réformés. Il faudrait en vérité raconter d'un bout à l'autre l'histoire des Alpes pour redire l'histoire de Chorges !

L'un des traits les plus curieux des mœurs des Alpins est la direction, constante depuis des siècles, que suivent les habitants qui émigrent du pays. Les Alpins descendent en Provence et vont à Marseille qui est très-éloigné, ils ne montent pas à Grenoble qui est deux fois plus rapproché.

La supériorité commerciale de Marseille sur Grenoble, la facilité des routes n'expliquent pas suffisamment la préférence des Alpins : la raison est plus intime, plus décisive et tient à la race.

Les Allobroges qui habitaient la vallée du Graisivaudan appartenaient à la race celtique : les Carturiges, dont Chorges était la capitale, qui envahirent les hautes terres des Alpes, venaient de la Haute-Italie, d'autres disent de la Grèce, poussés dans les abris de nos montagnes par de terribles conquérants. Or, Celtes et Latins étaient de mœurs, de religion et de langage absolument divers. Comment le commerce les aurait-il unis? Au contraire, Grecs ou Latins, les Carturiges rencontraient sur le littoral méditerranéen, les descendants des Phocéens qui avaient fondé Marseille, ou les marchands du Latium, que la beauté du ciel et la richesse du sol avaient séduits. Ce n'est point là certes, une vaine supposition. Les différences subsistant encore aujourd'hui entre les habitants du Gapençais, de l'Embrunais, du Briançonnais et ceux de la vallée du Graisivaudan prêtent une grande force aux traditions de l'histoire. L'Alpin est actif, laborieux, éveillé, très-intelligent; le paysan de la vallée du Graisivaudan est mou, lent, moins intelligent que rusé et le patois qu'il parle est à peu près inintelligible pour le paysan du Champsaur.

Cependant de tout son passé, la ville de Chorges n'a guère gardé qu'une église des Templiers et des ruines romaines. Les murs du temple de Diane sont devenus les murs de l'église paroissiale; à travers les rues ou mêlés aux pierres des remparts croulants, des fûts de colonnes et des morceaux de chapiteaux montrent la folie de ceux qui avaient espéré l'immortalité parce qu'ils avaient confié leur nom à la dureté du granit!

CHAPITRE XXIII

La Durance. — Savines. — Embrun.

Après Chorges, la plaine s'attriste : les prairies deviennent des marécages, les bois des landes, les montagnes verdoyantes des pentes couvertes de pierres brisées. Une heure avant d'atteindre la descente rapide qui finit aux rives de la Durance, nous aperçûmes sur une faible élévation les ruines d'un ancien château, à côté d'une suite de pauvres chaumières. Au pied de l'élévation, la rivière a formé une sorte d'étang. Des pies et des corbeaux voltigent çà et là. Ces tristes oiseaux paraissent les seuls habitants dignes de ces lieux désolés.

Sur les bords de la Durance le spectacle a changé. L'aspect n'est pas encore agréable : il est toujours sauvage, mais il est animé. L'eau vive communique sa vie aux objets dont elle reflète l'image.

Savines est le dernier chef-lieu de canton qu'on

rencontre avant d'arriver à Embrun. La vallée alors s'est élargie. Les montagnes, plus hautes à mesure qu'on avance, sont vraiment grandioses. A droite, les torrents qui descendent des vallées de l'ancienne abbaye de Boscodon, ont couvert de rochers et de pierres les champs cultivés. Dans les jours de grande pluie la diligence ne peut dépasser ces eaux dévastatrices. Embrun apparaît à ce moment, sur son rocher lointain, dans un tableau ravissant.

Si j'avais voyagé en qualité de général, j'aurais pris garde, de la route même, à l'admirable situation stratégique d'Embrun. J'aurais déclaré que, des deux côtés qui regardent la Durance, la ville est protégée contre toute attaque des ennemis par la hauteur vertigineuse du rocher sur lequel elle est bâtie. Au sud, la pente est coupée de torrents et défie toute surprise. Le côté nord seul serait facile à prendre s'il ne fallait, pour s'en emparer, occuper une montagne entière. Mais j'avais loin de l'esprit toute préoccupation militaire. La grandeur et la poésie du site produisent un véritable enchantement.

Le haut rocher à pic qui porte la ville d'Embrun s'élève au milieu d'une immense plaine où croissent les herbes des prés, les blés et les chanvres. A l'endroit où le rocher finit au sud de la ville, la pente de la montagne, séparée des habitations par un torrent profond, porte des vignes, des pêchers et des peupliers. Au nord, le rocher contourne et confond ses lignes dans les tons grisâtres de la montagne qui s'élève de l'autre côté de la vallée. Au-dessus des toits enfin, des champs cultivés, égayés par quelques arbres, et se perdant dans les détours de la montagne, achèvent le cadre enchanteur dans lequel le voyageur aperçoit de la route, pour la première fois, cette ville pittoresque. Au moment où nous approchions, le soleil couchant ajoutait ses charmes à ces grandes beautés.

Embrun répond à la séduction de la campagne environnante. Le Petit-Séminaire, grand établissement situé sur le bord du rocher, montre au loin sa magnifique ligne de fenêtres. Au-dessus de ses toits, la cathédrale élève sa flèche élancée à côté d'une large et haute tour. Une suite de jardins et de terrasses, laissant entrevoir derrière leurs arbres de belles constructions, continuent la bordure du rocher.

La ville est entourée d'une enceinte fortifiée. En passant sur les ponts-levis, on songe involontairement à sa puissance disparue, au rôle éclatant que ses archevêques lui ont fait jouer au moyen-âge. On a hâte de voir cette cathédrale, monument remarquable de style gothique et célèbre par la vierge d'Embrun. On songe encore au magnifique collége que les Jésuites avaient élevé sur ce rocher. Les élèves y venaient de toutes parts. Aujourd'hui les anciennes constructions du collége sont livrées à une maison de détention : grâce à la Révolution, les voleurs ont remplacé, ici et ailleurs, la jeunesse brillante qui portait si haut le nom de notre pays!

Embrun n'a pas encore éprouvé sensiblement les prétendus bienfaits de la civilisation moderne. Les rues sont tortueuses, étroites, mal pavées. Le plateau sur lequel la ville est bâtie est en pente. La belle terrasse de l'ancien palais archiépiscopal tient lieu de place. Les maisons, pauvrement construites, offrent cependant à l'intérieur le confortable auquel nos ancêtres, par amour du foyer, ne sacrifiaient rien autre. Il faut pénétrer dans les rares maisons neuves pour y trouver les étroites cheminées modernes, inventées par l'égoïsme domestique, qui refusent l'hospitalité, quand le maître l'a généreusement donnée. Les habitants, comme les rues et les constructions, ont conservé un air traditionnel. Ils sont bons, joyeux et fiers. Malgré la présence d'une garnison perpétuelle, la population a su rester embrunaise.

Nous avons dit un mot de la cathédrale. C'est le plus beau et le plus original des monuments du Dauphiné.

On pénètre dans l'intérieur par un portail latéral. Sur l'un des panneaux de la porte, on voit encore aujourd'hui, à un mètre de hauteur, les traces d'un fer à cheval. La tradition rapporte que ce fer était celui du cheval de Lesdiguières, lorsque, emporté par sa haine religieuse, le capitaine protestant poussa l'impiété jusqu'à vouloir pénétrer à cheval dans la cathédrale d'Embrun.

Le vaisseau de l'église impose par son aspect grandiose. De magnifiques vitraux, souvenir de l'art ancien, filtrent une faible lumière, et remplissent les nefs de je ne sais quel sentiment religieux. Le temple semble être lui-même recueilli. On sent que c'est là un lieu de prière, et on s'agenouille comme malgré soi devant la statue de Notre-Dame d'Embrun.

La statue de Notre-Dame d'Embrun est en marbre : l'habileté du sculpteur lui a donné la vie. Rien n'est touchant comme l'attitude humble et modeste de la Vierge qui tient sur ses bras le Maître du monde ; rien n'inspire à l'âme une confiance aussi sûre que l'affectueuse charité que respire la tête du divin enfant Jésus.

Le maître-autel, vrai monument, est en marbre de Carrare. De splendides et gigantesques chandeliers en argent doré sont placés entre deux anges de marbre de grandeur naturelle. Le trésor de la cathédrale d'Embrun fut longtemps renommé. Le clocher avait deux cloches d'argent.

Un ostensoir en or, d'un mètre de haut, rappelait le don d'un magnifique souverain. Les vases sacrés étaient nombreux. Quelques-uns des superbes ornements subsistent encore. Quelle richesse dans l'ornementation ! quelle délicatesse et quel art dans le tissu ! Nous eûmes la satisfaction d'assister à une cérémonie religieuse. A la lueur des cierges, les fils et les plaques d'or brillaient au milieu des dessins effacés des vieilles chapes d'un éclat particulier qui ajoutait une impression pieuse aux sentiments religieux que tout autour de nous la cérémonie inspirait.

Deux autels en bois sculpté méritent l'admiration. Ils sont placés dans une chapelle séparée de l'église. On peut difficilement imaginer les merveilleuses sculptures de ces deux autels, tant les médaillons sont nombreux et variés, tant les guirlandes de fleurs et de fruits sont multipliées. Deux colonnes, également sculptées, soutiennent un superbe fronton à la hauteur de la voûte. Le cadre du tableau qui surmonte le tabernacle est formé de pièces de bois ciselées à jour et représentant les plus beaux fruits. Enfin, sur le devant de l'autel, et sur les piédestaux des colonnes, la vie de saint François d'Assise est sculptée avec un art et un sentiment exquis. Quels artistes ont épuisé leur vie à élever ce monument? Leurs noms sont inconnus ; ils mériteraient d'être immortels.

L'ancien palais archiépiscopal ne présente aucun caractère spécial. Les archevêques, au sortir des magnificences de leur cathédrale, ne rencontraient sous leurs yeux rien de plus beau, sinon la grandiose nature qu'ils voyaient de leur terrasse. Le spectacle de la campagne d'Embrun, bornée par la Durance et couronnée par les majestueuses montagnes derrière lesquelles se trouve Barcelonnette, est vraiment magnifique. Devant ces aspects que les montagnes seules possèdent, je me sens forcé de croire que ce ne sont pas les obstacles matériels des rochers qui, dans tous les pays du monde, ont opposé une résistance aux envahissements de la corruption parmi les populations des montagnes ; le plus fort rempart contre la dépravation, c'est la grandeur divine dont les collines et les monts portent l'empreinte, c'est le cantique perpétuel que leur beauté adresse à Dieu, cantique dont David invoquait le secours : « Pierres, rochers, montagnes, fleuves et torrents, louez le Seigneur ! »

CHAPITRE XXIV

Le Queyras. — Richard. — Le Briançonnais.

Deux régions restent à visiter dans les Hautes-Alpes après celles dont nous venons de parler : le Briançonnais et le Queyras. La physionomie de l'une se rapproche de celle de l'autre. L'austérité et l'aridité des montagnes sont les mêmes ; l'aspect sauvage des défilés, la voix terrible des torrents, enfin les mœurs des habitants se ressemblent. Cependant, l'habitant du Queyras est remarquable par son caractère et sa tenacité ; j'en citerai un exemple.

Dans notre vieille France c'était une suite naturelle de la liberté de tester, que les cadets des familles, nombreuses ou non, allassent au loin tenter la fortune, qu'avec raison les coutumes ne leur donnaient pas. Sous l'influence de ces habitudes, souvent les cours royales voyaient apparaître au plus haut rang des fils de bourgeois dont le besoin du travail avait développé les facultés; souvent aussi, comme on le voit de nos jours en Angleterre, le cadet qui venait rendre hommage à son frère aîné, dans les solennités domestiques, apportait avec lui une richesse dont l'héritage paternel avait pour ainsi dire interdit l'acquisition au successeur direct du père de famille.

Aujourd'hui, hélas! sous la législation dont nous avons vu les ravages à Sigottier, il n'en est généralement plus ainsi. Pourtant dans les Alpes, dans le Queyras d'une manière particulière, ces antiques et salutaires usages ont survécu à l'extinction des anciennes coutumes. Chaque année, un courant d'émigration se forme; des jeunes gens vont en Provence. Comme autrefois, la plupart reviennent au foyer de leur père avec de suffisantes économies, quelques-uns avec une haute aisance. Ceux qui connaissent les hommes enrichis ainsi connaissent seuls quels trésors de patience, d'honnêteté et d'ardeur ils ont prodigués avant d'acquérir leur fortune! On nous en citait un, parmi ceux-là, dont le type honorable mérite d'être connu. Ses amis l'appelaient Richard. Quand il descendit de ses montagnes, il avait avec lui sa bonne volonté et trente sous. Il se mit à l'uœvre. Comme si la fortune eût douté de sa constance dans un travail opiniâtre, elle se rit des premiers efforts de Richard. Bientôt elle lui sourit. L'honnêteté de sa vie, la sobriété de ses goûts, son activité, son tempérament laborieux, frappèrent l'attention de ses amis et de ses maîtres. Lui-même, esprit fin, ayant cette audace différente de la témérité, que la fortune récompense toujours, augmenta le champ de ses opérations. On accorda des avances d'argent à sa probité, mais à échéances fixes. On nous racontait que pour faire honneur à ses engagements Richard aurait plutôt pris sur sa nourriture, et qu'il aurait doublé son travail. Tant de peines, tant de justice, tant d'honneur furent à la fin récompensés. A cinquante ans, il possédait une honnête aisance. Aux jeunes gens laborieux Richard racontait son histoire, et leur disait que la richesse, celle qui donne la joie à la vieillesse, est toujours la récompense de la rectitude de l'esprit, de l'activité du corps et de l'honnêteté de l'intelligence. A son tour, il encourageait les jeunes : celui qui nous racontait ces merveilles du travail joint à l'honneur, ne pouvait se défendre de mêler à son récit, avec son admiration, l'expression de sa reconnaissance. Voilà quels hommes descendent des hautes montagnes du Queyras !

Que de villages, de bourgs, de vallées à visiter dans le Queyras et le reste du Briançonnais ! Mont-Dauphin, ville fortifiée qui commande les deux routes de Briançon et de Queyras; Guillestre, important chef-lieu de canton au pied du massif des montagnes; Saint-Véran, petit village perdu dans les sommets où les arbres privés de chaleur ne donnent plus de fruits. Sur la route d'Embrun à Briançon, il faudrait s'arrêter à La Roche, visiter les restes des ruines de l'Argentière, et demander une impression à chacune des vallées sauvages, à chacune des montagnes désolées qui sont le triste partage du Briançonnais. L'étude des mœurs, des usages, de l'histoire du pays présenterait encore un intérêt plus vif. Que n'aurions-nous pas à dire du passé et du présent de Briançon et des villages qui l'environnent? Hélas! à peine nous reste-t-il le temps de signaler deux traits qui compléteront le tableau que nous venons d'esquiser du beau pays des Alpes.

Les habitants des Hautes-Alpes ont été de tous temps renommés pour leur instruction primaire. Aujourd'hui comme dans le passé, on trouve difficilement des enfants qui ne savent ni lire, ni écrire; tous comprennent et parlent la langue française. Nous avons indiqué l'une des causes de l'heureux état de l'instruction primaire quand nous avons montré, dans les veillées d'hiver, l'enfant qui sait le mieux lire, appelé à l'honneur de faire la lecture à haute voix. Une autre cause, n'a pas moins contribué à propager le goût de l'instruction ; c'est le courant d'émigration qui emporte à divers moments de l'année, en été pour les moissons, en hiver pour le commerce, les Alpins vers la Provence. De bonne heure les enfants se préparent à ce va-et-vient, ils s'excitent d'eux-mêmes à l'étude ; les parents secondent de toutes leurs forces leur entraînement. J'ai souvent entendu réclamer en faveur de l'instruction obligatoire. La loi, quelle que puisse être sa sévérité, ne remplacera jamais les conseils de l'intérêt. En parcourant les Alpes, en voyant les différences établies au point de vue de l'instruction entre les familles sédentaires et celles qui demandent au commerce une part de leur bien-être, on s'explique ce qu'il y a de possible ou de chimérique dans la loi qui obligerait tous les enfants à venir aux écoles : la loi serait inutile dans les lieux où les besoins de la vie rendraient l'instruction nécessaire ; elle serait vaine dans les familles qui trouvent les ressources de leur existence en occupant leurs enfants à des travaux manuels pendant le temps de l'école.

Le recrutement des instituteurs est facile dans les Alpes autant qu'il est facile pendant l'hiver de garnir les bancs des écoles. Le nombre considérable des candidats qui chaque année se présentent aux examens de l'école normale permet d'appeler aux difficiles fonctions de maître d'école des jeunes gens intelligents et instruits. J'eus le plaisir d'en connaître plusieurs chez l'habile instituteur de la Roche des Arnauds, M. David : ils possèdent une instruction étendue, élevée, ils emploient le temps que leur laisse leur classe à des études sérieuses et un grand nombre font le soir aux adultes, par dévouement autant que par goût, les leçons plus difficiles qui leur conviennent. Le corps des instituteurs alpins mérite un sincère et profond hommage : l'œuvre qu'il accomplit est d'autant plus méritoire et plus digne de reconnaissance que les avantages matériels qu'il en retire sont à peu près nuls : c'est dans la pauvreté qu'il multiplie ses efforts et donne à son département le prestige d'un département instruit et éclairé.

Avant 1789, pendant que l'instruction primaire était plus répandue en France qu'elle ne l'est aujourd'hui, lorsque venaient les foires d'automne, on voyait circuler à travers la foule, des jeunes gens et des hommes portant une plume à leur chapeau. C'étaient les candidats-instituteurs pour la durée de l'hiver. La commune, le hameau qui avait besoin d'un maître d'école s'abouchait avec l'un d'eux et lui promettait une somme déterminée s'il réunissait toutes les conditions désirables. Le candidat arrivait à la commune et comparaissait devant ses examinateurs. C'était le plus souvent le curé et deux personnes nommées par la communauté. Le règlement de Briançon portait : « Nul ne sera reçu en cette ville, pour maître d'école, qu'il n'ait été examiné par deux avocats et un bourgeois commis par le conseil; comme aussi seront ses gages résolus au conseil. » L'examen terminé, le candidat devenait instituteur, et, l'hiver fini, il retournait aux travaux des champs.

La communauté n'intervenait pas seulement pour nommer les examinateurs du candidat au rang de maître d'école, c'était dans les assemblées générales formées de la réunion des *pères de famille*, et où se discutaient les mille intérêts communs aux habitants, que se décidaient toutes les matières relatives à l'instruction et à l'enseignement. Une plainte était-elle proférée ? un intérêt nouveau surgissait-il dans les choses de l'instruction ? le conseil convoquait les *pères de famille*. Les pères de famille passaient alors pour les meilleurs gardiens de l'intérêt intellectuel de leurs enfants. L'expérience contraire qui se poursuit de nos jours a révélé toute la sagesse de ces dispositions légales. La pratique de la justice n'a pas cessé d'être féconde : notre pays ne serait pas livré à l'heure présente à tant de disputes et à tant de désordres, si on rendait aux pères de famille le droit de statuer directement sur la qualité de l'instituteur, sur la quotité de ses appointements et sur la nature de ses leçons. Du haut en bas de la société, la Révolution a déplacé les institutions sociales de leurs bases naturelles : voilà pourquoi tout branle et tout menace de tomber.

Le dernier souvenir que j'emporte des Alpes est le plus profond de mon âme.

Nous avons parlé plus haut de l'extrême variété de régime municipal, de droits et de libertés qui couvraient notre sol. Chaque commune avait des franchises propres comme chacune d'elles avait ses protections particulières et ses moyens de défense. De quel prix ne devaient pas être les chartes authentiques qui en renfermaient l'exposé ! elles étaient les gardiens de l'honneur et de la sécurité des habitants ; c'était à elles que nos pères avaient recours lorsque les seigneurs tentaient d'usurper sur les droits de la communauté.

Mais les seigneurs tyranniques comprirent bientôt l'utilité qu'ils retireraient au profit de leur domination, de la disparition des chartes ; ils les supprimèrent au moment des guerres religieuses, lorsque les seigneurs se jetèrent dans le mouvement de la réforme pour piller les biens. Le premier feu qui alors éclaira leur violence fut l'incendie allumé à l'aide de vieilles chartes. D'autres fois, les seigneurs, les châtelains et les officiers delphinaux altéraient le sens de ces documents, ou bien encore les chartes disparaissaient dans les incendies accidentels assez fréquents dans les montagnes.

Les habitants luttèrent contre autant de causes de destruction. Contre les chances d'incendie, ils choisirent le lieu du village le moins accessible au feu : le clocher de l'église ; contre la violence ou l'habileté des seigneurs ils construisirent dans la tour de pierre un système d'ouverture tel qu'il fallait l'usage de trois clefs et l'intervention de trois personnes pour l'ouvrir ; enfin ils élevèrent une dernière barrière contre les violateurs de la liberté : au lieu de construire un abri particulier pour leurs chartes, ils se servirent des clochers de l'église et cela parce qu'on ne pouvait y arriver sans passer devant l'autel de Celui au nom sacré duquel les chartes avaient été jurées. Pour détruire les droits, les libertés, les franchises, il fallait non-seulement céder à des convoitises et à des passions : il fallait encore, en passant à travers l'église, mépriser le regard de Dieu, du Juge qui voit tout, que rien ne trompe et qui se nomme le protecteur de l'offensé.

La liberté, disaient les anciens Briançonnais, est vivace au milieu de nous comme les mélèzes de nos montagnes. L'histoire ajoute : ce sont les vérités de l'évangile, qui après l'invasion barbare firent renaître, croître et développer, comme sous un ardent soleil, les institutions libres qui sont aujourd'hui l'objet de nos regrets et qui malgré tout restent notre espérance !

FIN

TABLE DES MATIÈRES

Chapitre premier. — Bourgoin. — La Tour-du-Pin. — Virieu. — Grenoble. — Les cuves de Sassenage. — Le Pont de Claix. — La Chartreuse de Prémol. — Uriage........................ 1

Chapitre II. — Saint-Laurent-du-Pont. — La Chartreuse. — Montfleury.................... 9

Chapitre III. — Grenoble. — Le Palais de Justice. — Bayard. — Les Jeunes Économes. — Les Balmes.. 17

Chapitre IV. — Les diligences. — Le Pont de Claix. — Vizille. — Laffrey. — Napoléon Ier. — La Mure.. 25

Chapitre V. — La Mure. — Un orage. — La Salette. — Ascension nocturne. — Mon nouvel ami. 31

Chapitre VI. — Le Valgodemard. — Saint-Firmin. — Saint-Bonnet. — Le Champsaur............ 44

Chapitre VII. — Mont Bayard. — Gap. — Ses habitants. — Le clergé des Hautes-Alpes. — M. Joubert. — Montagnes et Montagnards...... 54

CHAPITRE VIII. — Roche des Arnauds. — M. le curé. — Un nid d'hirondelles. — La vie d'un curé. — Les trésors de l'Église........................ 61

CHAPITRE IX. — Hyacinthe. — A vingt ans..... 69

CHAPITRE X. — Saint-Étienne en Devoluy. — Une foire à Agnières. — Une chasse. — La veillée... 77

CHAPITRE XI. — Charance. — Jeu du criquet. — Mme Pauline.................................. 96

CHAPITRE XII. — La Religion et les Cours d'Assises. — Chanson populaire. — Notre-Dame du Laus. — Les Pèlerinages.................. 107

CHAPITRE XIII. — Les quatre barons du Dauphiné. — Montmaur et son château. — Les jeux populaires. — Les Templiers et Philippe-le-Bel...... 119

CHAPITRE XIV. — Veynes. — Son histoire. — Le jeu de paume. — Le travail agricole et le travail manufacturier. — M. l'abbé Garcin. — M. A. Ruelle.. 129

CHAPITRE XV. — Une pêche sur un lac. — La mendiante. — L'aumône. — Aspres-les-Veynes. — La forêt de Durbon. — La Bâtie Montsaleon. 140

CHAPITRE XVI. — Serres. — Son rôle pendant les guerres religieuses. — Le protestantisme dans les Alpes. — Le ministre et le paysan............. 151

CHAPITRE XVII. — Sigottier. — Sa vallée. — Le partage forcé. — Le passage de Sigottier. — La Piarre. — Une noce.......................... 164

CHAPITRE XVIII. — Les hôpitaux. — L'édit royal de 1662. — Ribiers. — Un salon. — Les Dados. — La grand'mère de mon ami.................. 174

CHAPITRE XIX. — Les trois routes historiques des Alpes. — La Saulce. — Les Marseillais. — Tallard. — Son château. — Son église................ 187

CHAPITRE XX. — Testament d'Augustin de Montbrand. — Les nobles au XIVe siècle. — Le bien d'Eglise.. 200

CHAPITRE XXI. — La mort. — Le secret de la puissance des communautés de l'ancien régime. — Les chartes anciennes et leur utilité. — Une communauté au XIVe siècle. — Les hommes de probité. — Un procès.. 225

CHAPITRE XXII. — La formation d'un peuple. — Chorges. — La raison de l'émigration des Alpins vers la Provence.. 242

CHAPITRE XXIII. — La Durance. — Savines. — Embrun.. 252

CHAPITRE XXIV. — Le Queyras. — Richard. — Le Briançonnais.. 259

FIN DE LA TABLE DES MATIÈRES.

COULOMMIERS. — Typ. ALBERT PONSOT et P. BRODARD

www.ingramcontent.com/pod-product-compliance
Ingram Content Group UK Ltd.
Pitfield, Milton Keynes, MK11 3LW, UK
UKHW020556230726
13926UKWH00005B/2055

9 782019 157104